कपिल का केलधार

KAPIL KA KELDHAR

ब्रजेंद्र सिंह धाकड़

Made with ♥ on the Notion Press Platform
www.notionpress.com

इस पुस्तक को संपूर्ण रूप से तैयार करने में जिन महानुभावों का सहयोग प्राप्त हुआ, उनके प्रति मैं हृदय से आभार व्यक्त करता हूँ।

श्री श्री 108 केशवाचार्य जी महाराज का हृदय से आभार, जिनके मार्गदर्शन से मुझे इस पुस्तक को लिखने और इस स्थान के इतिहास को जीवंत रखने की प्रेरणा मिली। उनके मंदिर-प्रेम और समर्पण ने मुझे अपने शब्दों में उनके विचारों को उकेरने की प्रेरणा दी।

विशेष धन्यवाद अर्पित करता हूँ टुडयाबाद के आदरणीय अरविंद महाराज जी को, जिन्होंने समय-समय पर विविध प्रकार की महत्त्वपूर्ण जानकारियाँ प्रदान कीं, जिनके बिना यह कार्य पूर्ण नहीं हो सकता था।

साथ ही, मंदिर के इतिहास से संबंधित अमूल्य जानकारी साझा करने के लिए मन्दिर के प्रतिष्ठित पुजारी श्री गोविंद भारती जी और श्री बृजेश भारती जी का हृदय से आभारी हूँ।

आप सभी के सहयोग और मार्गदर्शन के बिना यह पुस्तक संभव नहीं थी।

आप सभी के प्रति मेरा हृदय से आभार।

क्रम-सूची

भूमिका

भारतीय समाज, भारतीय दर्शन, और वैदिक काल में कई ऋषि महात्मा हुए, जिनके जन्म स्थान को लेकर जिनकी तपस्या भू को लेकर समाज में काफी मतभेद है। आज मैं आप सभी को समाज के दर्शन से विलुप्त हो चुके एक ऐसे स्थान की और लेकर चलता हूँ जिसके बारे में कहते हैं कि ऋषि कपिल मुनि का जन्म इसी स्थान पर हुआ था। आज भी यहाँ के आध्यात्मिक वातावरण, यहाँ के दृश्य, और यहाँ की प्रकृति में आध्यात्मिक ऊर्जा तथा ऋषि मुनि व कई संत महात्माओं का वास है ।

हमारा भारतीय दर्शन । जिसके द्वारा हमें तत्व का ज्ञान प्राप्त होता है जो हमें सत्य का भान कराते है । भारतीय परंपरा में भारत की मानव संस्कृति श्रुति परंपरा थी, और उसी के आधार पर मैं यह पुस्तक लिखने का प्रयास कर रहा हूँ। मैंने मेरे पूर्वजों से सुना, बड़ों से सुना, गुरुजनों से, महात्माओं से सुना, और मंदिर के आसपास के समस्त ग्राम वासियों से सुना कुछ स्वयं भी इस विषय में अध्ययन किया, तब जाकर इस पवित्र स्थल ऋषि कपिल मुनि की जन्मभूमि और महर्षि कर्दम ऋषि मुनि जी की तपोभूमि (केलधार) के इतिहास पर लिखना प्रारंभ किया। मेरे सभी गुरुजनों और बड़ों के आशीर्वाद से मैं यह पुस्तक लिखने जा रहा हूँ, यदि इसमें किसी प्रकार की कोई त्रुटि होती है, तो मेरा मार्गदर्शन करें।

मैं यह पुस्तक लिख रहा हूँ, लिखने की प्रेरणा मुझे स्वयं कपिल मुनि भगवान एवं मेरे माता पिता से मिली । मेरा जन्म केलधार में तो नहीं हुआ, लेकिन मेरा पालन-पोषण इसी पवित्र भूमि पर हुआ है। मैं स्वयं को अत्यंत भाग्यशाली मानता हूँ, कि जहाँ स्वयं भगवान का अवतार हुआ, वहाँ पर मेरी परवरिश हुई है। मेरा मानना है कि शायद मेरे पूर्वजों के अच्छे कर्म तथा मेरे उत्तम प्रारब्ध का यह परिणाम है कि मैं भी इस भूमि पर बड़ा हुआ हूँ, जिस पर स्वयं भगवान ऋषि कपिल मुनि बड़े हुए थे।

मेरा इस पुस्तक को लिखने का मुख्य उद्देश्य केलधार का इतिहास और ऋषि कपिल मुनि के जन्म इतिहास को जीवंत रखना है। मेरा यह

मानना है कि आने वाली पीढ़ियों के लिए केलधार के इतिहास और ऋषि कपिल मुनि के इतिहास को जानना अत्यंत महत्त्वपूर्ण है, क्योंकि आज की नई पीढ़ी अपने समृद्ध इतिहास और अध्यात्म से कहीं दूर होती जा रही हैं या यूँ कहें कि दिशा से भटकती जा रही है । मेरे संपूर्ण प्रयास से जो तथ्य मुझे स्पष्टतः प्राप्त हुए हैं, मैंने इस पुस्तक में उनका शिष्टता पूर्वक उल्लेख किया है ।

यह पुस्तक केलधार के अस्तित्व को संजोने का मेरे द्वारा किया गया एक छोटा सा प्रयास है, जो कपिल मुनि जी के आशीर्वाद से संभव हुआ और मैं इसे भगवान कपिल मुनि जी के चरणों में अर्पित कर रहा हूँ ।

पुस्तक मेंदिएदिए गए शीर्षकों कोसमझनेकेलिएएक विस्तृत और सुव्यवस्थित रूप दिया गया है, पहलेइन्हेंपड़कर समझे पुस्तक में आगे क्या है:

1. भूमिका

इस खंड में पाठक को पुस्तक की पृष्ठभूमि, उद्देश्य, और कपिल मुनि के सांख्य दर्शन की महत्ता से परिचित कराया जाएगा। यह समझाया जाएगा कि क्यों कपिल मुनि का अवतार और उनका जीवन भारतीय संस्कृति और आध्यात्मिकता में महत्वपूर्ण स्थान रखते हैं।

2. केलधार का इतिहास

इस खंड में केलधार स्थान के ऐतिहासिक और पौराणिक संदर्भों को प्रस्तुत किया जाएगा। यहां बताया जाएगा कि केलधार क्यों महत्वपूर्ण है और इसका कपिल मुनि और उनकी शिक्षाओं से क्या संबंध है।

3. कपिल मुनि का जीवन

कपिल मुनि के जीवन और उनके व्यक्तित्व का संपूर्ण परिचय दिया जाएगा। उनके जन्म से लेकर उनके महान कर्मों और आध्यात्मिक योगदान तक की यात्रा को विस्तार से समझाया जाएगा।

4. माता देवहूति

इस अध्याय में माता देवहूति के जीवन पर प्रकाश डाला जाएगा। उनके व्यक्तित्व, त्याग, और कर्तव्यों के साथ-साथ उनके आध्यात्मिक गुणों का वर्णन किया जाएगा, जो उन्हें एक आदर्श नारी बनाते हैं।

5. महर्षि कर्दम ऋषि

यहाँ महर्षि कर्दम ऋषि के जीवन और उनकी साधना का विवरण दिया जाएगा। उनके महान तप, ज्ञान और आध्यात्मिक शक्तियों का वर्णन किया जाएगा, जिससे पता चले कि वे कितने महान ऋषि थे।

**6. माता देवहूति और महर्षि कर्दम जी
का विवाह**

इस खंड में माता देवहूति और महर्षि कर्दम के विवाह की कथा को विस्तार से बताया जाएगा। यह अध्याय उन धार्मिक, सांस्कृतिक और आध्यात्मिक पहलुओं को प्रस्तुत करेगा जो उनके विवाह को विशेष बनाते हैं।

7. ऋषि कपिल मुनि के जन्म की कहानी

इस अध्याय में कपिल मुनि के जन्म की कथा का वर्णन होगा। यह बताया जाएगा कि कैसे महर्षि कर्दम और माता देवहूति के तप से परमात्मा ने कपिल मुनि के रूप में अवतार लिया।

**8. माता देवहूति को भगवान कपिल से

ज्ञान प्राप्ति**

यह अध्याय उस महान ज्ञान की चर्चा करेगा जो भगवान कपिल ने अपनी माता देवहूति को प्रदान किया। यहां उन शिक्षाओं का वर्णन किया जाएगा जो सांख्य दर्शन की नींव रखती हैं।

9. कपिल अवतार क्यों

इस खंड में कपिल मुनि के अवतार का उद्देश्य और आवश्यकता समझाई जाएगी। यह बताया जाएगा कि उनके अवतरण से क्या लाभ हुआ और उन्होंने मानवता के लिए क्या शिक्षाएं दीं।

10. सांख्य दर्शन

अंतिम अध्याय में कपिल मुनि द्वारा प्रदत्त सांख्य दर्शन की मूल अवधारणाओं, सिद्धांतों, और उसके विभिन्न पहलुओं का विस्तार से अध्ययन किया जाएगा। यह भी बताया जाएगा कि कैसे यह दर्शन मानव जीवन को नई दिशा और उद्देश्य प्रदान करता है।

पूर्व निवेदन

मेरे प्रिय पाठकों , इस पुस्तक को पढ़ने का समय निकालने के लिए धन्यवाद। मैं आपके साथ अपने विचारों और कल्पनाओं को साझा करने के लिए बहुत उत्सुक था इसलिए मैंने यह पुस्तक लिखने का विचार किया।

पुस्तक लिखने की प्रक्रिया में एक लेखक की कठिन मेहनत और विचारशीलता होती है। हर शब्द के पीछे मंथन और विस्तारित अध्ययन की आवश्यकता होती है।

मैंने 'कपिल मुनि का केलधार' नामक यह पुस्तक लिखने की शुरुआत 2021 के लॉकडाउन के समय की थी। मैंने भारत के 22 राज्यों की यात्रा की है । इस यात्रा से मुझे भारतीय संस्कृति और इतिहास का अध्ययन करने का और जानने का मौका मिला। मैंने अनेक प्राचीन स्थलों को देखा है और भगवान कपिलमुनि के जन्म स्थल केलधार इस स्थल के लिए भी मैंने वही प्राचीनता महसूस की जो अन्य स्थलों के लिए की थी । यहां की कला, चित्रकला, और वास्तुकला अत्यंत प्राचीन हैं। मुझे इस मंदिर के इतिहास के बारे में जानकारी चाहिए थी, लेकिन मैंने देखा कि कोई भी स्थानीय व्यक्ति या पुस्तक में इसके बारे में सही जानकारी नहीं दी गई है। तब मुझे लगा कि इस प्रमुख स्थल के इतिहास को बचाने के लिए इस पर एक पुस्तक लिखनी चाहिए। मैंने दो साल की रिसर्च के बाद इस पुस्तक को लिखा है।

मैं एक विधि का विद्यार्थी हूँ, और अपने अध्ययन को भी जारी रखता हूँ। इसलिए इस पुस्तक को लिखने में मुझे बहुत समय लगा। आज, 14 जनवरी 2024 को, यह कार्य भगवान कपिल मुनि जी के आशीर्वाद से पूरा हुआ है।

मेरी इच्छा है कि हम कपिल के केलधार को दुनिया के सामने लाएं। मैं इसके लिए अपने पूरे मन से समर्पित हूँ, लेकिन मुझे आप सभी की सहायता और योगदान की आवश्यकता है।

आप सभी पाठकों से मेरा निवेदन है कि हमें केलधार को सिर्फ मध्य प्रदेश तक ही सीमित नहीं रखना चाहिए, बल्कि हमें इसका प्रचार-प्रसार संपूर्ण विश्व तक करना चाहिए। हमें कपिल के केलधार को सिर्फ अपने लिए ही नहीं, बल्कि हमारे आने वाले पीढ़ियों को भी पढ़ाना चाहिए। इसका प्रसार प्रचार एवम् संरक्षण जरूरी है क्योंकि अन्य ग्रंथ एवम् शास्त्रों की तरह भगवान कपिल जी के द्वारा व्याख्यायित सांख्याशास्त्र भी अत्यंत महत्वपूर्ण एवम् विशिष्ट शास्त्रों में से एक है।

लेखक के रूप में मेरा आपसे निवेदन है की आप सभी इस पुस्तक को जरूर पढ़ें और साथ साथ अपने घर परिवार के बच्चों से लेकर बुजुर्गों तक को इसके अध्ययन के लिए प्रेरित करें। जिससे वे सभी हमारे केलधार के इस पुरातन एवम् प्रतिष्ठित इतिहास को जान सके की यह स्थान कितना अदभुत और महावपूर्ण है।

एक लेखक की यह अपेक्षा होती है अपने पाठकों से की वे उसकी पुस्तक को जरूर पढ़ें। क्योंकि यदि उसकी लिखी हुई किताब से किसी एक व्यक्ति को भी कोई लाभ या कोई भी जानकारी प्राप्त होती है या वे कुछ नया सीखते हैं तो उस लेखक द्वारा की गई वर्षों की मेहनत सफल होती है उसका उस पुस्तक के प्रति किया गया प्रत्येक प्रयास सार्थक हो जाता है। मैं जब भी कपिल मुनि के आश्रम जाता हूं, मेरी आंखों में आंसू होते हैं, क्योंकि मैं अपने आंखों के सामने इतने प्राचीन इतिहास को क्षीण होते देख रहा हूं। मैं लोगों को नहीं बता पा रहा हूं कि यह कितना पवित्र स्थान है कितना पावन स्थल है। मेरे क्षेत्र में ऐसे पांच लोग भी नहीं मिले जो मुझे केलधार के इतिहास के बारे में बता सकें। मैंने अपने छात्र जीवन में जहां भी भाषण दिया, मैंने अपने भाषण की शुरुआत करते समय हमेशा कहा है कि मैं बृजेंद्र सिंह धाकड़,, ऋषि कपिल मुनि की भूमि केलधार से, आप सभी के समक्ष उपस्थित हूँ, और सदैव मैंने इन शब्दों के साथ अपने भाषण की शुरुआत की है।

भविष्य में अगर कभी तुम्हारे बच्चे तुमसे पूछे कि केलधार का इतिहास क्या है, उस समय अपनी आंखों को शर्म से नहीं झुकने देना। बल्कि उन्हें यह बताना है की हमारे केलधार का इतिहास कई हजारों साल पुराना है, जहां पर स्वयं भगवान विष्णु के अवतार ऋषि कपिल

मुनि ने जन्म लिया था। हमारे लिए यहां की महत्ता अयोध्या, मथुरा, काशी और वृंदावन के समान है। यह जगह भगवान के जन्म के स्थानों के समान ही महत्त्वपूर्ण है। यह अत्यधिक पवित्र एवम् विशेष स्थान है यह देवभूमि है, यह भगवान कपिल मुनि का जन्मस्थान है।

1

केलधार का इतिहास

केलधार एक ऐसा स्थान है जहाँ की मिट्टी, पेड़-पौधे और विशाल चट्टानें आज भी ऋषि-मुनियों के पुण्य कर्मों और तपस्या के परिणाम से संरक्षित हैं, जो इ स स्थान की संस्कृति और प्राचीनता को सजीव बनाए रखे हैं। इस स्थल का इतिहास युगों युगों पुराना, पुरातात्विक विभाग के अनुसार लगभग 3000 वर्ष पुराना है, जिसके तथ्य और प्रमाण आज भी पुरातात्विक विभाग और अंग्रेजों के पास है। लेकिन ज्यादा जानकारी न होने के कारण , कोई भी व्यक्ति या सरकार किसी के द्वारा इसे संरक्षित करने का प्रयास नहीं किया गया ।

केलधार वह स्थान है जिसे सुनते ही हमारे मस्तिष्क में एक पवित्र धाम की छवि अंकित होती है। जैसा कि नाम से ही स्पष्ट होता है, केलधार = कैलाश + धाम या फिर यूं कहे कि यहां कोई पवित्र धारा बहती हो, इस प्रकार भी इसके नाम से आशय लगाया जा सकता है । यहाँ पर आज भी इसके प्रमाण हैं। वर्तमान में, मंदिर परिसर में कई मूर्तियां मिलती हैं जो पुरातात्विक विभाग के अनुसार लगभग 3000 वर्ष पुरानी है । जिसमें मुख्यता ऋषि कपिल मुनि एवं उनके माता-पिता की आकृतियां अंकित हैं ।

मंदिर परिसर में एक गौमुख भी है जिसमें से सतत जल की धारा बहती रहती है । यह गौमुख भी पुरातात्विक विभाग के अनुसार 3000 वर्ष पुरानी है ।

प्रति वर्ष मकर संक्रांति के दिन यहाँ पर मेला लगता है। लोग ऐसा कहते हैं कि यह मेला कई वर्षों से लगता आ रहा है, इस मेले का भी उतना ही महत्व है जितना गंगा सागर में लगने वाले मेले का महत्व रहता है। आज भी यह मान्यता है कि मेला भारतीय संस्कृति का एक महत्वपूर्ण हिस्सा है और यह संस्कृति का अत्यंत प्राचीन और मौलिक प्रतिबिम्ब है। मेला भारतीय संस्कृति में एक विशेष स्थान रखता है, जिसे विभिन्न अवसरों पर विविधता और रंगमंच का रूप दिया जाता है।

मेले का महत्व इस बात को दर्शाता है कि जहां-जहां पर मेले आयोजित होते हैं, वहां का इतिहास अत्यंत प्राचीन और महत्वपूर्ण होता है। यहां लोग न केवल विभिन्न रूपों में मनोरंजन का आनंद लेते हैं, बल्कि वे अपनी संस्कृति, परंपराओं, और इतिहास को भी महसूस करते हैं। मेलों में स्थानीय फसलों, उत्पादों, और हस्तशिल्प का प्रदर्शन होता है, जो उस स्थान की पहचान और परम्परा को दर्शाता है।

भारतीय मेलों की विशेषता यह है कि यहां लोग मेले को सामाजिक और सांस्कृतिक एकता का प्रतीक मानते हैं और उसके माध्यम से समृद्ध संस्कृति का परिचय कराते हैं। मेलों में लोग एक साथ आकर अपनी परंपराओं को साझा करते हैं और एक-दूसरे के साथ मिलकर खुशियों का जश्न मनाते हैं। इससे न केवल स्थानीय स्तर पर बल्कि विशेष रूप से विदेशों में भी भारतीय संस्कृति की प्रस्तुति होती है।

इस प्रकार, मेला भारतीय संस्कृति का एक महत्वपूर्ण हिस्सा है जो विभिन्न समृद्ध संस्कृतियों को एकत्रित करता है और साझा करता है, जिससे सामाजिक और सांस्कृतिक एकता को बढ़ावा मिलता है।।

पवित्र स्थल केलधार से 1 किलोमीटर पहले सिद्ध मुनि जिन्हें सिद्ध बाबा के नाम से भी जाना जाता है की तपोभूमि है, जो कि सिद्ध महाराज का 500 साल पुराना स्थल हैं जिसे ग्राम वासियों ने मंदिर का रूप दे दिया है। केलधार आश्रम पर भगवान कपिल मुनि के मंदिर के अलावा हनुमान जी शंकर भगवान का परिवार एवं मैया जी का मंदिर व अन्य मंदिर भी है।

यहाँ मंदिर के पास एक पवित्र नदी है। नदी के किनारे भड़करा है जिसमें बड़ी-बड़ी चट्टानें हैं। इस स्थान पर बहुत पुराने और विशाल वृक्ष

हैं, जिन पर मधुमक्खियों के छते लगे हैं। इन पेड़ों पर कई प्रकार के पक्षियों का आश्रय है। पेड़ों पर बंदर भी उछल-कूद कर मस्ती करते रहते हैं। केलधार जाते समय रास्ते में मां दुर्गा जी का एक विशेष स्थान, बड़ी-बड़ी पहाड़ियां छोटे-छोटे झरने व तालाब भी आकर्षण का केंद्र है और भी अन्य स्थल अपनी ओर लोगों को आकर्षित करते है।

यहाँ पर मेला मकर संक्रांति के शुभ अवसर पर ब्रह्म मुहूर्त से आरंभ होता है, चूंकि जनवरी माह में ठंड बहुत ज्यादा रहती है, परंतु लोगों की कपिल भगवान की प्रति आस्था उस ठंड से कई गुना ज्यादा रहती है। यहां पर सुबह के 4:00 बजे से लोगों का आना प्रारंभ हो जाता है । लोग यहाँ पर मंदिर के समीप काली सिंध की सहायक नदी [काली सिंध जो की चंबल नदी की सहायक नदी है] में स्नान करते हैं तत्पश्चात भगवान का आशीर्वाद प्राप्त करते हैं। इस क्षेत्र में रहने वाले अधिकतम लोग किसान परिवारों से हैं, वह अपनी फसल की सुरक्षा के लिए भगवान से प्रार्थना करते हैं । इस मेले की प्रतीक्षा लोग महीनों से करते हैं, क्योंकि यह मेला वर्ष में मात्र एक बार ही आता है और यह मेला 2 दिन तक लगता है जनवरी माह की दिनांक 14, 15 जनवरी को, हमारी संस्कृति में मकर संक्रांति को विशेष मान्यता दी गई हैं। मकर संक्रांति का दिन लोगों के लिए स्नान दान करना, तिल गुड़ खाना, खिचड़ी गजक अन्य गुड़ से बने पकवान, मिष्ठान आदि सबके साथ बांटकर खाना महत्वपूर्ण माना जाता है, साथ ही पतंग उड़ाना जो की आजादी और शुभता का संकेत माना जाता है। इन सबको संक्रांति के पर्व पर विशेष महत्व दिया गया है

मेले से पहले मकर संक्रांति के दिनों आश्रम में श्रीमद् भागवत गीता का पाठ होता है, और समय-समय पर विशाल यज्ञ भी किये जाते हैं।

इसके बारे में अध्ययन करने व लोगों से प्राप्त जानकारी के आधार पर पता चलता है कि, सन् 2013 में, एक अंग्रेजी व्यक्ति इस गांव में आया था, उसके पास पुराने मंदिरों की कई तस्वीरों वाला बहुत पुराना एल्बम था। जिससे यह पता चलता है कि केलधार का इतिहास हजारों साल पुराना है इस बारे में वह गांववालों से बात करता है और बताता है कि इस स्थान का प्राचीन नाम "कैलाश धाम" था, जहाँ पर भगवान शिव की पूजा-अर्चना की जाती थी। लगभग 50 एकड़ में यह आश्रम कैलाश

धाम फैला हुआ था, हजारों की संख्या में संत-महात्मा यहाँ तपस्या करते थे।

यहाँ जमीन के अंदर खुदाई करने पर मंदिर विधिवत बने हुए निकले हैं , जिसका प्रमाण आज भी वहां पर प्रत्यक्ष रूप से उपस्थित हैं और प्रत्यक्ष को किसी प्रमाण की आवश्यकता नहीं होती। कुटी वाले बाबा बलदेव महाराज जो की बचपन से हि मां नर्मदा जी के भक्त थे । वह बचपन में ही घर छोड़ चुके थे मां नर्मदा के प्रति असीम आस्था रखते थे बाबाजी सन 2000 के आसपास केलधार क्षेत्र में आते हैं । बाबा चेतन दास जी महाराज के आश्रम ग्राम सेसई पर रुकते हैं तब उन्हें एक दिन सपना आया की केलधार आश्रम पर भड़करे के पास एक शिवलिंग है।

सपने में भवानी माता जी बोलती हैं की मेरा पूरा परिवार इधर दबा हुआ है तब बाबा जी यह बात गांव वालों को बताते हैं, ग्राम वासियों ने बाबा की बात मानी और सन 2005 में खुदाई चालू की तब 14 जनवरी को पहली बार वह मंदिर दिखाई दिया जो सपने में आया था वही का वही मां भवानी का पूरा परिवार वने हुए मंदिर के रूप में निकला ।

जब वहां पर जमीन के अंदर से निकले हुए मंदिर की खबर सामने आई, तो लोगों में एक अद्भुत चर्चा उमड़ी। यह मंदिर न केवल धार्मिक दृष्टि से महत्त्वपूर्ण था, बल्कि इसका निकलना जमीन के अंदर से लोगों के लिए अद्भुत आश्चर्य भी था।

इस प्रकार की घटना पहले कभी न होने के कारण, यह लोगों के लिए नयापन और अद्वितीयता का प्रतीत था। जमीन से निकले हुए मंदिर का अस्तित्व व्यक्तिगत और सामाजिक रूप से लोगों को आकर्षित करता है। ऐसी अनूठी घटना के पीछे लोगों की रुचि में वृद्धि हुई क्योंकि यह उनके धार्मिक और आध्यात्मिक आस्थाओं को और भी मजबूत करती है।

जिस तरह से यह मंदिर जमीन के अंदर से उभरकर सामने आये, उससे लोगों में विश्वास और आश्चर्य का भाव उमड़ा। इसमें एक अद्वितीयता थी जो लोगों के दिलो-दिमाग में गहरी छाप छोड़ गई। जमीन से निकले हुए मंदिर की यह घटना लोगों को धार्मिक दृष्टि से ही नहीं, बल्कि लोगों के भीतर एक नई सोच का संकेत भी दे गई।

उस अंग्रेज द्वारा बताया गया कि यहाँ पर पांच मन्दिर हुआ करते थे पहला मंदिर नागेश्वर जी का दूसरा महादेव जी का तीसरा भी महादेव जी का, चौथा बटेश्वर जी का और पांचवा भवानी माता जी का मंदिर है , इस प्रकार उस अंग्रेज द्वारा दी गई जानकारी के आधार पर जमीन के अंदर से निकले हुए मंदिरों की पहचान हुई। इन पांचो मंदिरों के पीछे 10 से 15 मडिया (कुटिया) बनी हुई है जिसमें शिवलिंग रखी हुई है परंतु अभी खंडित अवस्था में है ।

उस अंग्रेज द्वारा बताया गया, कि उनके पिताजी ने उन्हें बताया कि उनके पिताजी के पूर्वज क्योंकि, अंग्रेजों ने भारत पर 300 साल राज किया था इस करण भारत का इतिहास आज भी उनके पास है। उन्होंने इस बात की पुष्टि करते हुए कुछ तस्वीरें दिखाई, जिनमें प्रमुख रूप से मध्य प्रदेश के प्रमुख स्थलों जैसे कि ओरछा, खजुराहो, चंदेरी, मांडू, महेश्वर, और शिवपुरी की फोटो थीं।

उन्होंने इन स्थलों के आसपास की प्राकृतिक सुंदरता और ऐतिहासिक महत्ता को दर्शाते हुए उन्होंने इनके फोटो दिखाए। इसके अलावा, उनके पास केलधार के भी फोटो थे, वे बताते है कि यहां की प्राचीनता और प्राकृतिक सौंदर्य बहुत अच्छी हुआ करती थी मैं और मेरा परिवार कई वर्षों से यहां पर आते जाते रहते हैं । उसके द्वारा बताया गया कि यहाँ पर पार्वती गणेश, कुबेर, इंद्र अग्नि, नवग्रह, ज्ञान, यमुना, पीली छतरी, यह सभी यहाँ पर हुआ करता था, इसके पश्चात माताजी के मंदिर का जीर्णोद्धार किया गया । इस स्थान की महिमा आज भी बहुत अलौकिक है यह कपिल मुनि जी का आश्रम सकारात्मकता व आध्यात्मिक ऊर्जा का केंद्र है। आज भी यहाँ पर कई टूटे फूटे खंडहर हो चुके पुराने मंदिर, सिलाएं, मूर्तियों के खंड देखने को मिलते हैं इससे, यह स्पष्ट होता है कि उस एल्बम और अंग्रेज व अन्य जिनसे भी जानकारी प्राप्त की गई है वह स्पष्टतः सत्य है।

यहाँ की समृद्ध संस्कृति और विशिष्ट इतिहास आज भी इसे अत्यंत प्रतिष्ठित और महत्वपूर्ण बनाते हैं । केलधार के पुरातन पृष्ठ को लेकर और भी जिज्ञासा उत्पन्न करते हैं वास्तव में केलधार की भूमि अत्यन्त रोमांचक रही होगी । यहां के लोग केलधार के इतिहास के बारे में सुनकर,

यहां की कहानियों को सुनकर अत्यंत रोमांचित होते हैं और अधिक जानने का प्रयास करते हैं ।

जब मैंने मंदिर के बारे में और अधिक पूछताछ की तो केलधार में एक प्रतिष्ठित ब्राह्मणों का डवरैया परिवार रहता था । उन्ही के वंश में जन्मे अरविंद महाराज से जब हमने पूछा तो महाराज जी ने बताया कि ये मेरा सौभाग्य की मेरे पूर्वजों ने वहा जन्म लिया जहा भगवान कपिल का जन्म हुआ उन्होंने बताया की 250 साल पहले मेरे परिवार को टुडयाबाद गांव के प्रतिष्ठित यादव पूरे सम्मान के साथ टुडयाबाद गांव में लेके आए क्योंकि वहां कोई ब्राह्मण नही था और आज भी वह ब्राह्मण परिवार टुडयाबाद में निवास करता है । उन्होंने इस जगह के बारे में बताया कि यहां पर आज से लगभग 400 से 500 साल पहले एक किला हुआ करता था। उसके अंदर एक बहुत बड़ी बस्ती हुआ करती थी, जिसमें प्रमुख रूप से गोस्वामी (भारती), ब्राह्मण और प्रजापत समाज के लोग रहते थे। इसके प्रमाण आज भी हमें खंडहर बस्ती के रूप में दिखते हैं, परंतु जैसे-जैसे शहरीकरण का दौर बढ़ा, लोगों का पलायन शहरों की ओर होने लगा। इस किले को "55 बावड़ी" का किला कहा जाता था, यह किला 55 बावड़ी से गिरा हुआ था। 55 बावड़ी गांव वालों के पानी पीने के लिए, उनके दैनिक जीवन के उपयोग के लिए प्रयोग में आती थी। इससे यहां की आबादी का अंदाजा लगाया जा सकता है, और अभी एक दर्जन से भी कम बावड़ी बची हुई हैं, वांकी कई अदृश्य हैं। कई बावड़ी खंडहर हो चुकी हैं और कई खंडहर के रूप में आज भी उपस्थित हैं।

आज भी अगर पुरातात्विक विभाग यहां पर खुदाई करता है तो आज भी यहां पर वसा हुआ पूरा नगर मिल सकता है। इतनी संभावनाएं आज भी इस केलधार में हैं।

यहां पहले बहुत बड़ा विशाल जंगल हुआ करता था। आश्रम पर लोगों को दिन में भी जाने से डर लगता था, क्योंकि यह आश्रम बिल्कुल जंगलों के बीचों बीच था। यहां पर उस समय शेर घूमा करते थे, उस समय यहां पर प्रमुख रूप से कपास, नील, मक्का, ज्वार की खेती होती थी।

यहाँ, मंदिर के परिसर में एक रोचक तथ्य सामने आता है कि लगभग 15 साल पहले मंदिर के किनारे कुआं के विशाल वृक्ष हुआ करते

थे, इन वृक्षों की संख्या बहुत अधिक थी । इनमें से एक वृक्ष कि मान्यता है कि कर्दम ऋषि जी ने इसी वृक्ष के नीचे तपस्या की थी। उनके तप के परिणामस्वरूप, महाशिवरात्रि के दिन मध्य रात्रि में उस वृक्ष से दूध की धारा बहती थी। अब वह धारा बंद हो गई है, लेकिन वृक्ष आज भी खड़ा है। इसके अलावा, यहाँ पर विशाल मधुमक्खियों के अनेक छते हैं, जिन्हें कई पुराने लोग कई वर्षों से देखते आ रहे है । यहां के लोग लोग कहते हैं कि ये मधुमक्खियाँ भगवान कपिल की सेना हैं।

मंदिर परिसर में कोई भी अनुचित कार्य होता है, या कोई व्यक्ति मंदिर के परिसर में अनुचित व्यवहार करता है या मंदिर के अंदर गलत तरीके से प्रवेश करता है, तो मधुमक्खियाँ उस पर आक्रमण कर देती हैं।

यह एक प्राकृतिक घटना है जो आज भी देखी जा सकती है। इस कारण से मंदिर परिसर में कोई भी अधर्मी या अपवित्र व्यक्ति प्रवेश नहीं कर पाता है। न कोई मंदिर के अंदर गलत करने की हिम्मत करता है और न ही कोई अनुचित व्यवहार करता है। मंदिर की सुरक्षा अभी भी उन मधुमक्खियों द्वारा की जा रही है।

इस जगह को संरक्षित रखने में बहुत लोगों का योगदान रहा है। जिनके कारण आश्रम की महिमा आज तक बनी हुई है, जिनके कारण आश्रम पूरे भारतवर्ष में जाना जा रहा है उनमें सबसे अहम भूमिका मंदिर के पुजारी कि होती है ।

कपिल मुनि भगवान कि पूजा अर्चना विजयपुरा के गोस्वामी (भारती) परिवार द्वारा कि जा रही है । कई वर्षों से यह परिवार पीढ़ी दर पीढ़ी मंदिर की पूजा करता आ रहा हैं, निस्वार्थ भाव के साथ वह मंदिर की सेवा करते आ रहे हैं। चाहे कितनी ही बाधा क्यों ना आए परंतु पुजारी अपने कर्तव्य से पीछे नहीं हटे।

जब मेरी मंदिर के पुजारी गोविंद भारती जी और ब्रजेश भारती जी से बात हुई तो वह बताते हैं, कि एक समय ऐसा था जब इस आश्रम पर बड़े-बड़े विशाल सर्प इधर उधर घूमा करते थें, बहुत घना जंगल हुआ करता था अन्य बड़े बड़े जानवर रहते थे क्योंकि यहा पर पानी की पर्याप्त व्यवस्था है| मंदिर के पास में ही नदी है बहुत सारे पेड़ पौधे हैं , जिसके कारण शीतलता रहती हैं , गर्मियों के समय में यहाँ सर्प और

अलग-अलग प्रकार के जानवर मिला करते थे परंतु गोस्वामी परिवार ने अपने कर्तव्य को समझा और बारिश, ठंड और गर्मी तीनों ऋतुओं में विधिवत समय से भगवान कपिल मुनि की सेवा की। आसपास के क्षेत्रवासी समय-समय पर धार्मिक अनुष्ठान इस पवित्र स्थान पर कई वर्षों से करते आ रहे हैं ।

कहते हैं कि भगवान खुद अपनी सेवा के लिए भक्त को चुनते हैं, इसी रूप में लगभग 20 साल पहले वृंदावन से रामानुज परंपरा के महाराज त्रिदंडी स्वामी नृसिंहाचार्य जी का इस आश्रम पर आगमन हुआ और वह यहाँ आकर इतने मंत्र मुग्ध हुए कि उन्होंने तपस्या करना शुरू कर दिया और आसपास के लोगों को जागृत करने का कार्य करने लगे उन्होंने मंदिर में रहते हुए संकल्प लिया कि मैं इस स्थान को दुनिया के प्रसिद्ध स्थानो में जगह दिलवाऊंगा। यह स्थान कई वर्षों पुराना है। इसकी मूर्तियों और दीवारों की कलाकृति को देखकर लगता है मानो कई आक्रांताओं द्वारा मंदिर को खंडित कर तोड़ फोड़ कि गई हैं जिससे सब कुछ तहस नहस हो चुका हैं।

सनातन अपने आप में शाश्वत हैं इसे कोई नहीं मिटा सकता, मंदिर को संरक्षित और पुनः जीर्णोद्धार करने का कार्य श्री महाराज जी और आसपास के क्षेत्रवासी ,गोस्वामी परिवार व साधु महात्माओं के साथ मिलकर खंडित पड़े हुए स्थान को पुनः जीवंत करने का प्रयास करने में लग गए।

यह प्रयास आसपास के प्रमुख लोगों को जागरूक करते हुए समय-समय पर छोटे-छोटे भजन संध्या जैसे कार्यक्रमों के माध्यम से लोगों को इकट्ठा करना शुरू किया गया, और संकल्प लिया कि इस स्थान को दुनिया के सामने रखना है। इस लक्ष्य के साथ महा राज जी ने ग्राम वासियों के साथ मिलकर महायज्ञ के लिए झंडा गाढ़ दिया, परंतु किसी कारणवश वह यज्ञ संपन्न नहीं करा सके ।

कुछ समय पश्चात नरसिंह आचार्य जी के पुत्र श्री केशवाचार्य जी महाराज उसी कार्य को अपने हाथों में लेते हैं और जो संकल्प उनके पिताजी का था, अब वह संकल्प ऋषि कपिल मुनि महाराज जी की कृपा से उनके पुत्र श्री केशवाचार्य जी महाराज का बन चुका था। महाराज जी

के अथक प्रयासों से उनका संकल्प गांव वालों का भी संकल्प बन चुका था। सभी ग्राम वासियों के सहयोग से सन् 2012 में एक विशाल यज्ञ संपन्न हुआ, जो 1/5/2012 को संपन्न हुआ था।

केशवाचार्य जी महाराज के मन में एक इच्छा थी कि इस स्थान पर एक विशाल व प्रसिद्ध स्थान बनना चाहिए। गांव वाले और महाराज जी के प्रयासों से एक और मंदिर का निर्माण कार्य शुरू हुआ, जिसमें भगवान कपिल के साथ-साथ उनके माता-पिता भी विराजमान हैं। कहते हैं कि यदि कोई भी कार्य आप बिल्कुल निस्वार्थ भाव से कर रहे हैं तो पूरी कायनात उसे आपसे मिलाने में लग जाती है। यह कार्य तो भगवान के लिए था, इसलिए यह कार्य देखते ही देखते सफल हुआ और मंदिर का निर्माण सम्पन्न हुआ।

भगवान कपिल मुनि और उनके माता-पिता का सुंदर मंदिर आसपास के गाँव वालों के सहयोग से बना। यह कई लोगों का संकल्प रहा होगा, कई लोगों का सपना रहा होगा और आज वह संकल्प हमारी आंखों के सामने संपन्न होता हुआ दिख रहा है। यह सौभाग्य का विषय है कि हमने इस मंदिर का निर्माण हमारी आंखों से देखा। यह किसी सपने से कम नहीं लग रहा है। हम बहुत भाग्यशाली हैं कि हम इसके साक्षी बने हैं, और हमें गर्व है कि हमारा भी इस मंदिर के निर्माण में छोटे से छोटा योगदान रहा है। इस स्थान पर कई राजा, ऋषि, मुनि आया करते थे। भगवान ने सांख्य दर्शन का उपदेश इसी स्थान पर लोगों को संत महात्माओं को दिया था।

इस स्थान पर एक समय 360 सुरई हुआ करती थी, वर्तमान में 15 से 20 बची हुई हैं। इसका कारण किसी के द्वारा उन्हें संरक्षित करने का कार्य नहीं किया गया।

भगवान कपिल मुनि ने सेवक केशवाचार्य जी महाराज को चेताया तब उस स्थान की जिम्मेदारी स्वयं केशवाचार्य जी महाराज जी ने अपने पास ले ली। सन् 2012 से आज तक प्रतिवर्ष मकर संक्रांति से पहले यहाँ के महाराज जी के मुख से श्रीमद् भागवत कथा का पाठ होता है, जो 7 से 14 जनवरी तक चलता है। इसमें सातों दिन भगवान के आशीर्वाद से और आसपास के गांव वालों की सहयोग से भंडारा चलता रहता है,

प्रत्येक दिन हजारों लोग प्रसाद ग्रहण करने के लिए आते हैं। अंत में 14 जनवरी को विशाल भंडारा के रूप में यह कार्य संपन्न होता है । प्रमुख रूप से वह गांव जो इस स्थान को संरक्षण दे रहे है ,वह इस प्रकार है, केलधार, टुडयाबद, झाड़ेल, ब्रह्मथाना, नारायणपुर, विजयपुरा, कंठी, पाएगा, सेसई, बडेरा, रांची, टोरिया, मदनपुर, सींघन, लुकवासा, उदली, धामनटूक, गढ़, कुल्हाड़ी, बदरवास आदि।

आश्रम पर 2019 से प्रत्येक महीने की पूर्णिमा के मौके पर आसपास के गाँवों के लोगों के द्वारा यहां पर, सभी के साथ मिलकर कीर्तन और भजन संध्या का आयोजन किया जाता है। इस संध्या का उद्देश्य लोगों में सकारात्मकता और ऊर्जा को बढ़ाना होता है, साथ ही इससे आश्रम के वातावरण को साफ और सुरक्षित रखने का कार्य होता है। यह भजन संध्या का आयोजन वहाँ के लोगों को धार्मिक दृष्टिकोण से जोड़कर रखता है और सामूहिक धार्मिक अनुष्ठानों के माध्यम से समूचे समुदाय को एक साथ लाने का कार्य करता है।

मकर संक्रांति के पावन पर्व पर दो दिनों तक यहाँ विशाल मेला चलता है, जिसमें पूरे क्षेत्र से कई हजारों की संख्या में यहाँ पर लोग आते हैं।

आज भी यहाँ पर कहीं भी खुदाई की जाती है, जमीन के अंदर से भगवान शिव की मूर्तियां व शिवलिंग निकलते हैं, जो कि इसकी प्रत्यक्षता के सर्वाधिक प्राचीन महत्व को दर्शाते है। महाराज जी के प्रयासों से पुरातात्विक विभाग को इसकी सूचना कई बार दी जा चुकी है, शासन प्रशासन से भी इस संदर्भ में कई बार चर्चा हुई है। कार्य निरंतर जारी है और अभी तक काफी अच्छे परिणाम हासिल हुए हैं, महाराज जी के माध्यम से कपिल मुनि जी के आशीर्वाद से, आगे भी ये कार्य संपन्न होते रहेंगे। इसके लिए हम सभी क्षेत्रवासियों को भी प्रयास करना चहिए।

2

कपिल मुनि का जीवन

प्राचीन काल के धार्मिक और दार्शनिक धरोहर में एक महत्वपूर्ण नाम है कपिल मुनि, जिन्होंने सांख्य दर्शन को विकसित किया। उन्हें भारतीय दर्शन और धार्मिक विचारधारा के महापुरुषों में गिना जाता है। कपिल मुनि का सम्बन्ध वैदिक संस्कृति और परंपरागत धार्मिक ग्रंथों से है, जो उन्हें परम सत्य के अवतार के रूप में देखते हैं। उनकी शिक्षाएं भागवत पुराण के तृतीय स्कंध के 25वें अध्याय से लेकर 33वें अध्याय तक विस्तार से वर्णित की गई हैं, जो उनके तत्त्वगत ज्ञान और धार्मिक दृष्टिकोण को समझाने का एक माध्यम हैं। कपिल मुनि भगवान विष्णु के पांचवें अवतार माने गए है और इनका अवतार सतयुग में हुआ था।

ऋषि कपिल मुनि प्राचीन भारत के अत्यंत प्रभावशाली मुनि थे। वेदों और पुराणों के अनुसार, वे स्वयं परम सत्य के अवतार माने जाते हैं। इन्हें प्राचीन ऋषि कहा जाता है। इन्हें सांख्यशास्त्र के प्रवर्तक के रूप में जाना जाता है, मान्य अर्थों के अनुसार विश्व का उद्भव विकासवादी प्रक्रिया से हुआ है, कपिल ने अपने सांख्य दर्शन में प्रकृति और पुरुष के संबंध को बताया है। भगवान कपिल मुनि के जन्म स्थान और समय के बारे में स्पष्टता से नहीं कहा जा सकता। कई विद्वानों को भी उनकी ऐतिहासिकता पर संदेह था। पुराणों और महाभारत में उनका उल्लेख है।

माना जाता है कि प्रत्येक कल्प की शुरुआत में कपिल जन्म लेते हैं और उन्हें जन्म के साथ ही सभी सिद्धियाँ प्राप्त हो जाती हैं। इस कारण उन्हें 'आदिसिद्ध' और 'आदिविद्वान' कहा जाता है। महाभारत में उन्हें संख्या शास्त्र के प्रवक्ता के रूप में वर्णित किया गया है। पुराणों में उन्हें अग्नि के अवतार और ब्रह्मा के मानसपुत्र के रूप में भी देखा जाता है। श्रीमद्भगवत में कपिल को विष्णु के पंचम अवतार माना गया है। कर्दम और देवहूति से उनका जन्म माना जाता है।

कपिल कहते हैं की प्रकृति असीम है, अनंत है परंतु पुरुष के पास चेतना है लेकिन वह बुद्धि के कारण जड़ है गीता में इन्हें श्रेष्ठ मुनि कहा गया है ।

श्रीमद् भगवद गीता के अध्याय 10, श्लोक 26 में वर्णित श्लोक
"अश्वत्थ: सर्ववृक्षाणां देवर्षिणां च नारद:,
गंधर्वाणां चित्ररथ: सिद्धानां कपिलो मुनि:।"
अर्थात वृक्षों में मैं पीपल का वृक्ष (पवित्र अंजीर का वृक्ष) हूँ; दिव्य ऋषियों में मैं नारद हूँ; गंधर्वों में मैं चित्रथ हूँ और सिद्धों में मैं कपिल मुनि हूँ ।

कपिल ने सर्वप्रथम विकासवाद का प्रतिपादन किया और संसार को एक क्रम के रूप में देखा। "कपिलस्मृति" उनका धर्मशास्त्र है। ऋषि कपिल मुनि का वर्णन जहाँ कहीं गीता में मिलता है, वहाँ पर इनकी महिमा बताई गई है। यह बहुत ही उच्च कोटि के सन्यासी तपस्वी ऋषि रहे है । इन्होंने धरती पर सभी जनों को सांख्यशास्त्र का ज्ञान दिया। कपिल मुनि एक प्राचीन भारतीय दार्शनिक थे जिन्होंने भारतीय दर्शन की विविध प्रशांतों में गहराई से अध्ययन किया। उनका योगदान भारतीय दर्शन और तत्त्वज्ञान में महत्त्वपूर्ण है। वे 'सांख्य सूत्र', 'तत्व समास', 'व्यास प्रभाकर', 'कपिल गीता', 'कपिल पंचराम', 'कपिल स्तोभ' और 'कपिल स्मृति' जैसे कई ग्रंथों के लेखक माने जाते हैं। इन ग्रंथों में उन्होंने भारतीय दर्शन और तत्त्वज्ञान के महत्त्वपूर्ण सिद्धांतों का विस्तारपूर्वक वर्णन किया था।

भगवान कपिल मुनि इस जगत में एक महान योगी कर्दम मुनि और देवहूती के पुत्र के रूप में प्रकट हुए। कर्दम मुनि और देवहूती दोनों ही

अपने पुत्र की दिव्यता से परिचित थे। वास्तव में, कपिल मुनि के जन्म से पहले ही इस ब्रह्मांड के प्रधान जीव ब्रह्म ने स्वयं देवहूती के समक्ष प्रकट होकर उन्हें यह बात बता दी थी कि उनके पुत्र भगवान का अवतार होंगे और उन्हें दिव्य ज्ञान का उपदेश देंगे ।

आज, भारतीय समाज अपनी संस्कृति और गौरवशाली परंपराओं के महान संतो, ऋषि-मुनियों के योगदान को भूलता जा रहा है। जबकि आज सबसे ज्यादा आवश्यकता है, हमारी वर्तमान व भविष्य की पीढ़ी को उचित शिक्षा प्रदान करने की । चूंकि शिक्षा का उद्देश्य विकास, जागरूकता व ज्ञान एवं समाज का परिमार्जन करना है, नए सुदृढ़ व स्वस्थ विचारों को भरना है समाज को स्वच्छंद वातावरण प्रदान करना है जिससे भारत का अस्तित्व, भारतीय संस्कृति, भारतीय परंपरा, मानवीय संस्कारों को सुरक्षित बनाए रखा जा सकता है । क्योंकि शिक्षा संस्कारों की जननी है।

3

माता देवहूति

देवहूति स्वयंभुव मनु की कन्या थी । सनातन धर्म के अनुसार मनु संसार के प्रथम योगीपुरुष थे। प्रथम मनु का नाम स्वयंभुव मनु था, जिनके संग प्रथम स्त्री थी शतरूपा। ये ' स्वयंभुव ' (अर्थात स्वयं उत्पन्न ; बिना माता-पिता के उत्पन्न) होने के कारण ही स्वयंभुव कहलाये। इन्हीं प्रथम पुरुष और प्रथम स्त्री की सन्तानों से संसार के समस्त जनों की उत्पत्ति हुई ।

माता देवहूति कर्दम ऋषि की पत्नी थीं। माता देवहूति की माता का नाम शतरूपा था। स्वयंभुव मनु और शतरूपा के कुल में पाँच सन्तानें थीं, जिनमें से दो पुत्र प्रियव्रत और उत्तानपाद थे, और तीन कन्याएं आकूति, देवहूति और प्रसूति थीं। आकूति का विवाह प्रजापति रुचि के साथ हुआ था, और प्रसूति का विवाह प्रजापति दक्ष के साथ हुआ था। हिंदू मान्यता के अनुसार तीनों कन्याओं से ही मानव समुदाय का विकास हुआ, और इसी कारण संसार के लोग मानव कहलाते हैं।

मनु की पुत्री देवहूति बड़ी गुणशील थी। भारतवर्ष के सम्राट महाराज मनु की पुत्री देवहूति का बचपन राजवैभव और ऐश्वर्य के वातावरण में बीता। फिर भी राजकुमारी देवहूति इसके प्रति आसक्त नहीं थी। देवहूति को त्याग, तपस्या और सादगीपूर्ण जीवन बहुत प्रिय था। धर्मज्ञ मनु की पुत्री का धर्म के प्रति अनुराग होना स्वाभाविक ही था। महाराजा मनु के सात्विक और धार्मिक विचारों का संभवतः देवहूति पर बहुत अधिक

प्रभाव पड़ा और इसी के परिणाम स्वरूप सांसारिक सुखों के प्रति वह आकर्षित नहीं हुई। उसने आत्म कल्याण का मार्ग अपनाया।

एक सम्राट की राजकुमारी के लिए किसी प्रकार का कोई अभाव न था। उसकी हर इच्छा की पूर्ति तत्काल हो जाती थी, केवल इच्छा जाहिर करने की देर थी। वह चाहती तो अपने लिए योग्य और ऐश्वर्यशाली पति के साथ विवाह कर सुख से अपना जीवन बिता सकती थी। मनुष्य तो क्या कई गंधर्व, नाग, यक्ष और देवता भी उस अप्रतिम रूपवान राजकुमारी से विवाह करने को लालायित थे परन्तु देवहूति ने अपने लिए किसी देवता या पराक्रमी राजा की बजाय तपस्वी को पति चुना।

जीवन के शाश्वत सत्य की पहचान देवहूति को हो चुकी थी। देवहूति का मानना था कि — "यह मनुष्य जीवन भोग विलास के लिए नहीं मिला है। मानव-भोगों से स्वर्ग का भोग उत्कृष्ट माना गया है किन्तु वह भी चिरस्थायी नहीं है, अन्त में दुःख देने वाला है। मोक्ष-साधक एक शारीर को विशयभोगों में लगाकर जर्जर बनाना भारी भूल है। सांसारिक ऐश्वर्य चिर सुखदायी नहीं हुआ करता। मनुष्य को चिर सुख प्राप्ति का प्रयास करना चाहिए और यह चिर-सुख भगवद प्राप्ति से ही संभव है। यही देहधारियों की शाश्वत सिद्धि है जिससे ममता, मोह, आसक्ति, और जन्म-मरण के बंधनों से जीव मुक्त हो जाता है।

देवहूति ने कर्दम ऋषि से विवाह किया और उनके साथ नौ कन्याएं और एक पुत्र को जन्म दिया। इन कन्याओं के नाम थे - कला, अनुसूया, श्रद्धा, हविर्भू, गति, क्रिया, ख्याति, अरुण्धती और शान्ति, और पुत्र का नाम था कपिल। कपिल के रूप में देवहूति के गर्भ से स्वयं भगवान विष्णु अवतरित हुये थे।

माता देवहूति भारतीय इतिहास में एक अद्वितीय व्यक्तित्व थीं। उनके जीवन और विचारों ने समृद्ध और धार्मिक जीवन को प्रेरित किया। उनके उदात्त विचारों ने न केवल उनके समक्ष बल्कि सम्पूर्ण भारतवर्ष के लोगों के मनोभाव को प्रभावित किया। उनके शांत विचार और आध्यात्मिक दृष्टिकोण ने सदियों तक लोगों को मार्गदर्शन किया और उन्हें धार्मिकता और आत्मा के महत्व की अनुभूति दिलाई। उनके शिक्षाओं ने ऋषियों और महात्माओं को भी प्रेरित किया और उन्होंने

इन विचारों को धर्म ग्रंथों में समाहित किया। देवहूति के उपदेश आज भी मानवता के लिए मार्गदर्शन का स्रोत हैं और उन्हें स्मरणीय बनाया जा रहा है। उनका योगदान भारतीय संस्कृति और आध्यात्मिकता में अनमोल है, जिससे हमारी सांस्कृतिक और आध्यात्मिक धारा को निरंतर शक्ति मिलती रहती है।

4

महर्षि कर्दम ऋषि:

कर्दम ऋषि विशेष गुणों और तप का प्रतीक थे। वे ब्रह्मा जी के मानसपुत्र थे और एक महा ज्ञानी और तपस्वी ऋषि थे।

कर्दम ऋषि भगवान के अनन्य भक्त थे। वह सदैव भगवान की तपस्या में लीन रहते थे। एक दिन ब्रह्मा जी ने अपने पुत्र कर्दम ऋषि से कहा कि पुत्र, तुम्हारे भाई भी इस सृष्टि की रचना के लिए इस सृष्टि को आगे बढ़ाने के लिए गृहस्थ जीवन में प्रवेश कर चुके हैं। मेरी इच्छा है कि तुम भी सृष्टि के कार्य को आगे बढाओ। इस संसार को बढ़ाने के लिए सांसारिक जीवन में प्रवेश करो।

कर्दम ऋषि ने उत्तर दिया, "पिता जी! सृष्टि का विस्तार करने के लिए कुछ योग्यता और सामर्थ्य चाहिए। इसके बिना सृष्टि की परम्परा सही तरीके से चल नहीं सकती। फिर भी, मैं आपकी आज्ञा का पालन करूँगा।"

कर्दम ऋषि जन्मजात विरक्त थे भगवान के प्रेमी थे, लेकिन पिता के आज्ञाकारी थे। उनका गृहस्थाश्रम में जाने का मन नहीं था, पर पिता की आज्ञा को मानना भी आवश्यक था। उस समय लोग मोह माया से बहुत दूर रहते थे।

कर्दम ऋषि के भ्राता से भी ब्रह्मा जी ने कहा था कि आप भी इस सृष्टि की रचना करो, परंतु उन्होंने नहीं माना और वह सृष्टि की रचना की बजाय भगवान की भक्ति में लीन थे, क्योंकि उस समय जीवन का

लक्ष्य सिर्फ मोक्ष होता था।

परंतु इधर पिता की आज्ञा का पालन करना भी जरूरी था, तब ब्रह्मा जी ने कहा कि देखो पुत्र, चिंता करने की आवश्यकता नहीं है। तुम्हारा विवाह जिस भी कन्या से होगा, वह कन्या गुणों में गुणी है, वह तुम्हारे आध्यात्मिक मार्ग में कोई बाधा नहीं बनेगी। वह तुम्हारी पत्नी बनने योग्य है।

तब कर्दम ऋषि ब्रह्मा जी की बात मानते हैं, लेकिन ब्रह्मा जी के सामने एक शर्त रखते हैं कि "मेरी एक शर्त है कि इस धरती पर पुनः आपका अवतार हो और इस धरती पर पुनः आप मोक्ष रूपी ज्ञान सभी मानवों के समक्ष रखें।" तब ब्रह्मा जी उनको यह आशीर्वाद देते हैं कि मैं तुम्हारी पत्नि देवहूति की कोख से तुम्हारे पुत्र के रूप में जन्म लूंगा। तुम जाओ और अपनी कुटिया में भगवान की भक्ति करो।

राजा मनु अपनी पुत्री देवहूति को लेकर आपके पास आएंगे और उसका हाथ आपके हाथ में देकर आप दोनों का विवाह संपन्न होगा।

उसके बाद कर्दम ऋषि तप करने के लिए निकल पड़े हजारों साल कठोर तप करने के बाद , भगवान आदि नारायण कर्दम ऋषि की तपस्या से प्रसन्न होकर प्रकट होकर दर्शन देते है। हे कर्दम ऋषि मैं तुम्हारी तपस्या से प्रसन्न हूं बताओ क्या चाहिए तुम्हें , तब कर्दम जी ने उन्हें याद दिलाते हुए कहा हे प्रभु मैंने जिस कारण से सांसारिक जीवन में प्रवेश किया है। उसे आप धरती पर अवतरित होकर पूरा करें तब भगवान आदि नारायण कर्दम ऋषि को वरदान देते हैं ।

भगवान ने कहा, तुम्हें सृष्टि का विस्तार करना है। तुम्हारा विवाह महाराज स्वयंभूव मनु की पुत्री देवहूति के साथ होगा। महाराज मनु स्वयं अपनी कन्या लेकर तुम्हारे पास आयेंगे। उस कन्या देवहूति से तुम्हारी नौ कन्याएँ होंगी। उन कन्याओं से लोकरीति के अनुसार मरीचि आदि ऋषिगणों के द्वारा पुत्र उत्पन्न होंगे। तुम संयमी बनोगे, जीवों पर दया करोगे, सबको अभयदान दोगे और मुझको सबमें और सबको मुझमें देखोगे। मैं तुम्हारा बेटा बनूँगा और सांख्य दर्शन का उपदेश करूँगा। इसके बाद, भगवान अंतर्धान हो गए |

कर्दम ऋषि ने 10,000 साल तक तपस्या की और अत्यंत उन्नत ध्यान धारण किया। उन्होंने भगवान के दर्शन प्राप्त करने के लिए अपने संपूर्ण जीवन को समर्पित किया। इनकी अद्भुत साधना, तपस्या, और अनुशासन ने उन्हें अपने लक्ष्य तक पहुंचने में सहायता प्रदान की। कर्दम मुनि की इस अनोखी कथा से हमें यह सिख मिलती है कि धैर्य, संघर्ष, और आत्मसमर्पण से ही मानव अपने लक्ष्यों तक पहुंच सकता है। वे धर्म के माध्यम से मनुष्यता के उत्थान के लिए अपना जीवन समर्पित कर प्रभु कि आज्ञा का पालन करने में लग गए। उन्होंने भगवान से अपने पिताजी द्वारा दिए हुए कार्य के लिए सही मार्गदर्शन मांगा। वे चाहते तो भगवान से भौतिक चीजों की मांग कर सकते थे, परंतु उन्होंने उसके बजाय अपने जीवन को धरती पर आने के उद्देश्य के लिए समर्पित किया। हमें सफलता पाने के लिए आत्म-निर्भरता, आत्म-विश्वास, और सही मार्गदर्शन का होना अत्यंत महत्त्वपूर्ण होता है।

एक बार राजा सगर ने अश्वमेघ यज्ञ का आयोजन किया। इस बीच देवराज इंद्र के मन में खोट आया और वह राक्षस का वेश धारण कर घोड़े को चुराकर ले गए। क्योंकि देवता डरते थे कहीं इंसान, देवों की जगह न ले लें। जब राजा सगर को पता चला तो उन्होंने अपने साठ हजार पुत्रों से कहा जाओ खोये हुए घोड़े का पता लगाओ। कहते हैं कि भगवान नारद ने सगर पुत्रों को मारने की योजना बनाई। योजना के तहत भगवान नारद ने उनका घोड़ा कपिल मुनि के आश्रम में बांध दिया था। जब सगर पुत्रों को घोड़े के खो जाने का समाचार मिला तो वे उसे खोजते हुए कपिल मुनि के आश्रम के पास पहुंचे। कपिल मुनि के आश्रम में घोड़े को बांधे हुए देख सगर पुत्रों के क्रोध का ठिकाना न रहा और उन्होंने भगवान कपिल मुनि को युद्ध के लिए ललकारा, जैसे ही तपस्या में बैठे भगवान कपिल मुनि ने आंखें खोली तो सागर पुत्र भस्म हो गए।

इसके बाद राजा सागर ने अपने पुत्रों के उद्धार के लिए घोर तपस्या की लेकिन सफल नहीं हुए। अंत में भागीरथ कठोर तपस्या करने के बाद गंगा माता को पृथ्वी पर लाने में सफल हुए। तब जाकर उन 60000 पुत्रों का उद्धार हुआ।

5

माता देवहूति और महर्षि कर्दम जी का विवाह

इस प्रकार भगवान द्वारा वरदान देने के पश्चात कई वर्षों बाद राजा मनु अपनी पत्नी और पुत्री देवहूति के साथ महर्षि कर्दम जी की कुटिया में आते हैं । क्योंकि राजा मनु से नारायण जी ने कहा था कि आपकी पुत्री का विवाह पहले से तय है, आप महर्षि कर्दम जी के पास जाकर अपनी बेटी का हाथ उनके हाथ में दे दीजिए, यही इसके भाग्य में लिखा है।

महर्षि कर्दम जी राजा मनु और उनकी पत्नी के साथ उनकी बेटी को अपनी कुटिया की ओर आते देख उनका स्वागत सत्कार करते हैं और उन्हें बैठने के लिए आसन देते हैं। अतः उस चतुर सुकन्या देवहूति ने न आसन की अवज्ञा की और न ही उस पर बैठी, वरन् अपना दायाँ घुटना और दायाँ हाथ आसन पर रखा, जिससे ऋषिवर का आसन स्वीकार भी हो गया और ऋषि की मर्यादा का पालन भी हो गया।

कर्दम ऋषि मनु महाराज से बोले: "आपका यह जन्म संतों की रक्षा एवं दुष्टों के नाश के लिए है, क्योंकि आप में भगवान की पालनशक्ति है। जैसा कि सब देवताओं की शक्ति राजा में रहती है।

यदि आप विचारण न करें और दुष्टों को दण्ड न दें, तो उनको भय न रहेगा और पृथ्वी पर दुष्टता बढ़ जाएगी। राजा को तो ऐसा उग्रदण्डी होना चाहिए कि किसी को उच्छृंखल होने की हिम्मत न हो।

यदि दण्डनीति शिथिल हो गई, तो वेदधर्म का नाश हो जाएगा। कर्दम ऋषि मनु महाराज से कहते हैं।

"राजन! राज्य में प्रजा को पानी तो साफ सुथरा मिलता है न? प्रजा को अन्न, फल-फूल, दूध आदि तो ठीक से मिलता है न? प्रजा के गरीब वर्ग का अधिक शोषण तो नहीं होता? धनाढ्य लोग गरीबों का ख्याल तो रखते हैं न? गरीब लोग धनाढ्य को देखकर जलते तो नहीं हैं न? प्रजा के छोटे-से-छोटे एवं बड़े-से-बड़े वर्ग, सबको आप अपनी संतान की नाईं ही देखते हैं न? महाराज! जिस राजा के राज्य में प्रजा सुखी होती है वह राजा प्रजा का प्रेमपात्र होता है। जिस राजा के राज्य में प्रजा दुःखी होती है वह राजा नरक का अधिकारी होता है – ऐसा शास्त्र कहते हैं। हे राजन्! आपके राज्य में प्रजा सुखी तो है न?

तब मनु महाराज बोले, "हे ऋषिवर! आप धन्य हैं। आपने तो आवभगत करते-करते, कुशल समाचार पूछते-पूछते राजा का कर्तव्य क्या है और प्रजा सुखी कैसे रहे इन सभी बातों कि जानकारी दे दी। महाराज! आपको मेरा प्रणाम हैं।"

कर्दम ऋषिः "अच्छा राजन्! अब यह बताइये कि इस समय यहाँ आपका आगमन किस प्रयोजन से हुआ है ?"

मनु महाराजः "हे ऋषिवर! हमने सुना है कि आप विवाह के इच्छुक हैं। भगवान आदिनारायण ने भी हमें ऐसी ही प्रेरणा दी है और यह कन्या देवहूति आपके योग्य है। यह जितनी सुन्दर है उतना ही इसका चरित्र भी उज्जवल और पवित्र है।"

कर्दम ऋषिः "राजन्! आपकी कन्या के विषय में मैंने नारदजी से सुन रखा है कि एक बार यह आपके महल की छत पर गेंद खेल रही थी, तब इसके सौन्दर्य को देखकर विश्वावसु नामक गन्धर्व मूर्च्छित होकर गिर पड़ा था। यह इतनी सुन्दर है और अभी इसके व्यवहार को देखकर भी मैंने जान लिया है कि यह शील, सदाचार और ज्ञान में भी निपुण है। अतः मैं आपकी इस साध्वी कन्या से विवाह तो कर सकता हूँ लेकिन एक

शर्त के साथ।

वह शर्त है कि मैं सदैव गृहस्थी के दलदल में फँसा नहीं रहना चाहता। अतः जब तक इन को सन्तान नहीं होगी, तभी तक मैं गृहस्थ-धर्मानुसार इनके साथ रहूँगा। संतानोत्पत्ति के पश्चात मैं संन्यास धारण कर लूँगा और अपने आप को उन परब्रह्म परमात्मा में स्थित करूँगा जिनसे इस विचित्र जगत की उत्पत्ति हुई है, जिनके आश्रय से यह स्थित है और जिनमें यह लीन हो जाता है।"

मनु महाराज सहमत हुए। उन्होंने शास्त्रोक्त विधि से देवहूति का कन्यादान पेड़ के नीचे बैठे हुए महर्षि कर्दम जी को कर दिया। फिर वे अपनी पुत्री के विवाह के पश्चात अपनी राजधानी की ओर वापस चले गए।

देवहूति तन-मन से कर्दमजी की सेवा में लग गयी। यद्यपि वह राजपुत्री थी, अत्यन्त प्यार में पली थी लेकिन कर्दम ऋषि के पास न तो रहने के लिए घर था, न सोने के लिए चारपाई थी, न बिछाने के लिए वस्त्र था और न खाने के लिए बर्तन.... फिर भी देवहूति पर उन अभावों का कोई प्रभाव नहीं पड़ा।

पत्थर या धातु की मूर्ति में भगवदबुद्धि, पूजा और आदर करने से सामर्थ्य आता है, चित्त शुद्ध होता है। पति में तो साक्षात परमेश्वर विराजमान ही हैं। सुख-सुविधा के अभाव में भी पत्नी देवहूति ने पेड़ के नीचे रहने वाले, ज्ञान और ध्यान-भजन में लगे हुए कर्दम जैसे पवित्रात्मा पति में परमात्माबुद्धि करके ऐसी सेवा की कि कर्दम ऋषि की वर्षों की तपस्या निर्विघ्न पूर्ण हुई।

एक दिन कर्दम ऋषि देवहूति से बोलेः "हे मनुनन्दिनी! तुमने मेरा बड़ा आदर किया है। मैं तुम्हारी उत्तम सेवा और परम भक्ति से बहुत सन्तुष्ट हूँ। सभी देहधारियों को अपना शरीर बहुत प्रिय एवं आदर की वस्तु होता है, किन्तु तुमने मेरी सेवा के आगे उसके क्षीण होने की भी कोई परवाह नहीं की। बताओ, तुम्हारी क्या इच्छा है?"

तब देवहूति ने अपने दाहिने पैर के अंगूठे से धरती कुरेदते हुए सलज्ज होकर कहाः "हे नाथ! मेरे माता-पिता मेरा हाथ आपके हाथ में दे गये थे। हम गृहस्थ जीवन का अनुभव करें, इसलिए हमारा विवाह हुआ

था।"

कितनी सुशीलता है भारतीय नारी में ! तन की परवाह किये बिना वर्षों लगी रही पतिसेवा में, फिर भी कोई शिकायत नहीं है जीवन में। पतिसेवा भी कैसी कि पति के कुछ कहे बिना ही पति के हित की भावना से सेवा की और उनको पता तक न चला ! जो पति के हित की भावना से सेवा करती है वह पतिपरायणता पत्नी, गिरी-गुफा में योगी को जो आनंद मिलता है उस आनंद को घर बैठे ही पा सकती है। किन्तु....

अपनी पत्नि देवहूति की इच्छा को पूर्ण करने के लिए महर्षि कर्दम ने अपने योगबल से एक ऐसा अद्भुत विमान रचा, जो इच्छानुसार यत्र तत्र सर्वत्र जा सकता था। यह विमान सब प्रकार के इच्छित भोग-सुख प्रदान करने वाला, अत्यन्त सुन्दर, सब प्रकार के रत्नों से युक्त, सब संपत्तियों की उत्तरोत्तर वृद्धि से संपन्न, मणिमय स्तंभों से सुशोभित, सभी ऋतुओं में सुखदायक था। विमान में रहने के लिए शयनखंड अलग, साधन भजन का खंड अलग, जलाशय, क्रीडास्थली, आँगन, बैठकगृह आदि सुविधानुसार अलग-अलग बने हुए थे। योगबल से ऐसे सुन्दर पक्षी बनाये कि ब्रह्माजी की सृष्टि से पक्षी उनके पास किल्लोल करने आ जाते थे। वह विमान जल में भी चल सकता था, थल में भी चल सकता था, आकाश में भी उड़ सकता था और गुरुत्वाकर्षण के नियमों से पार लोक-लोकान्तर की भी सैर करा सकता था। वह विमान संकल्प से चल सकता था। उसमें किसी चालक की जरूरत न थी। ऐसा वह दिव्य और अद्भुत विमान था। आज के वैज्ञानिक ऐसे दिव्य विमान की कल्पना तक नहीं कर सकते हैं।

दुनिया में उस समय किसी के पास ऐसा विमान नहीं था जो कर्दम ऋषि के विमान की बराबरी कर सके। कर्दम जी का वैभव शंका या आश्चर्य का विषय नहीं है। जिन लोगों ने भगवान के चरणों का आश्रय ले लिया है, उनके लिए संसार का कोई भी पदार्थ दुर्लभ नहीं है।

फिर कर्दम ऋषि ने देखा कि पृथ्वी के साम्राज्य के एकछत्र सम्राट की सुकन्या यह देवहूति अपने फटे चिथड़े एवं मैले कुचैले वल्कल (वृक्षों की छाल से बने वस्त्रों को वल्कल कहते हैं) को देखकर संकोच से झिझक रही है तब वे बोले "देवी ! संकोच न करो। जाओ, सरोवर में स्नान करो।

वस्त्र अलंकार तुम्हें अपने आप प्राप्त हो जायेंगे।"

देवहूति सरोवर में स्नान करने गयी और ज्यों ही बाहर निकली, त्यों ही उसने देखा कि उसका कृशकाय शरीर हृष्ट-पुष्ट हो चुका है एवं वह वस्त्र -अलंकारों से सुसज्ज हो गयी है तथा हजारों दासियाँ उसकी सेवा में खड़ी हैं। कर्दम ऋषि भी स्नान आदि से निवृत होकर वस्त्र-अलंकारों से सुशोभित हो रहे थे। उस विमान में उन्होंने वर्षों तक सांसारिक जीवन व्यतीत किया और नौ कन्याओं व एक पुत्र को जन्म दिया ।

6

ऋषि कपिल मुनि के जन्म की कहानी

कर्दम ऋषि एक दिन देवहूति से बोले, "देवी! अब समय आ गया है। समय का चक्र हमारी आयु को घटा रहा है। अब मुझे इस गृहस्थ जीवन से निवृत्त होकर परमात्मा में एकान्त में स्थिति प्राप्त करनी है। मैं गृहस्थाश्रम छोड़कर संन्यास लेने जा रहा हूँ।"

देवहूति ने कहा, "मुझे आपको प्राप्त करने का सौभाग्य मिला, लेकिन मैंने तुच्छ विषयों की आपसे माँग की है। मुझसे भूल हुई है। कृपया इन कन्याओं का विवाह होने दें और भगवान ने जो वरदान दिया है, उसे फलने दें। मेरी नम्र प्रार्थना है कि आप रुकने की कृपा करें।"

कर्दम ऋषि बोले, "हे सत्य धर्म की पालन करने वाली सती! तुम उदास मत हो। अविनाशी भगवान विष्णु तुम्हें तुम्हारे हृदय की गहराई से साक्षात्कार कराएंगे और तुम्हें ब्रह्मज्ञान का उपदेश देंगे।"

थोड़ी देर बाद, देवहूति के गर्भ से भगवान कपिल प्रकट हुए। उसी समय, कर्दम ऋषि के आश्रम में मरीचि आदि मुनियों के साथ स्वयं ब्रह्मा जी आए और बोले, "वत्स! तुमने मेरी आज्ञा का पालन किया है। अब तुम्हारी कन्याओं का विवाह करो और उन्हें ऋषियों को समर्पित करो। ये कन्याएं सृष्टि को अनेक प्रकार से बढ़ाएंगी।"

इस प्रकार, कर्दम ऋषि ने मरीचि आदि प्रजापतियों के साथ अपनी कन्याओं का विवाह कर दिया। उन्होंने अपनी कन्याओं का विवाह - कला को मरीचि के साथ, अनुसूया को अत्रि ऋषि को, श्रद्धा को अंगिरा ऋषि को, हविर्भू को पुलस्त्य ऋषि को, गति को पुलह ऋषि के साथ, क्रिया को क्रतु ऋषि के साथ, और ख्याति को भृगु ऋषि के साथ। अरुन्धती को महर्षि वशिष्ठ को और शांति को अथर्वा ऋषि को समर्पित किया। इस प्रकार ऋषि कर्दम मुनि जी ने अपनी सभी पुत्रीयों का विवाह सफलतापूर्वक संपन्न कराया ।

फिर, कर्दम ऋषि ने उन विवाहित ऋषियों का अपनी पुत्रीयों के साथ सत्कार किया। सब प्रसंग समाप्त होने पर वे सभी अपने-अपने आश्रमों को चले गए।

जब ऋषि कर्दम जी की नजर उनके पुत्र पर पड़ी तब कर्दम जी ने देखा कि उनके यहाँ साक्षात् देवाधिदेव श्रीहरि ने ही अवतार लिया है। वे एकान्त में उनके पास गये और उन्हें प्रणाम करके कहने लगेः "हे प्रभो! आप वास्तव में अपने भक्तों का मान बढ़ाने वाले हैं। आप समय-समय पर अपना प्रकाश, अपना ज्ञानामृत मानव जाति को देने के लिए अवतरित होते है। हे नारायण! आपको मेरा नमस्कार है! आपने अपने वचनों को सत्य करने और सांख्ययोग का उपदेश देने का उद्देश्य पूर्ण करने के लिए ही मेरे यहाँ अवतार लिया है। प्रभो! आपकी कृपा से मैं तीनों ऋणों से मुक्त हो गया हूँ और मेरे सभी मनोरथ पूर्ण हो चुके हैं।

अब मैं संन्यास मार्ग को ग्रहण कर आपके व्यापक ब्रह्मस्वरूप का चिन्तन करते हुए शोकरहित होकर विचरना चाहता हूँ। अब आप मुझे आज्ञा दीजिए ताकि मैं आपके वास्तविक शुद्ध स्वरूप में विश्रान्ति पा सकूँ।"कितना विवेक है! कितना वैराग्य है! ऐसा विमान बनाने का सामर्थ्य, जिसकी कल्पना तक आज के वैज्ञानिक नहीं कर सकते! इतनी ऊँचाई पर पहुँचे हुए थे, फिर भी ऐसे सुख को उन्होंने छोड़ दिया।

घर में स्वयं कपिल भगवान का अवतार हुआ है... वह भगवान का साकार विग्रह है और वह विग्रह जिससे दिखता है उस निराकार नारायण में प्रतिष्ठित होने के लिए कर्दम ऋषि भगवान को प्रणाम करके एकान्त में चले गये। देवहूति का मन उदास था, फिर भी थोड़ी तसल्ली थी कि

कपिल भगवान साथ में हैं।

7

माता देवहूति को भगवान कपिल से ज्ञान प्राप्ति

माता देवहूति को पहले से ही है ज्ञान था कि उनके पुत्र के रूप में भगवान कपिल का अवतार होगा और भगवान कपिल उन्हें मोक्ष प्राप्ति का ज्ञान भी देंगे ।

देवहूति ने कपिल भगवान से कहा, "हे भगवान, मैं आपसे ज्ञान प्राप्ति की इच्छा रखती हूँ । आप ही मेरे आध्यात्मिक गुरु हैं जिनसे मैं ज्ञान प्राप्त करना चाहती हूँ। मैंने संसार में सांसारिक जीवन बहुत समय तक बिताया है, परंतु अब मुझे मोक्ष की प्राप्ति हेतु आपका उपदेश चाहिए।"

कपिल भगवान ने उन्हें भक्ति और ज्ञान का रहस्य बताया। कपिल कहते हैं, "पाँच कर्मेन्द्रियाँ, पाँच ज्ञानेन्द्रियाँ, पाँच प्राण, मन, बुद्धि और पाँच महाभूत - ये सब प्रकृति से संबंधित हैं। जो अपने आत्मस्वरूप में स्थित रहता है, जो इन सभी से मुक्त हो जाता है। मन, बुद्धि, इंद्रियाँ और देह को समझकर इनसे अलग होकर, जो आत्मा की ओर ध्यान दिशा में जाता है, वह मुक्ति प्राप्त करता है।" कपिल भगवान ने

योगमार्ग का भी उपदेश दिया और कहा, "आत्म संयम करने के लिए यम और नियम का पालन करो, और मन और इंद्रियों पर नियंत्रण बनाओ।"

देवहूति ने भगवान कपिल से संख्या, योग, और भक्ति मार्ग का विवेचन सुना। उन्होंने इस उपदेश को सुनकर परम ब्रह्म में अपनी मानसिक स्थिति को स्थापित किया। कपिल भगवान ने उन्हें आत्मज्ञान का उपदेश दिया, तत्पश्चात सांख्य दर्शन के प्रचार व प्रसार के लिए विदा ली।

उनके पिता के आश्रम केलधार से निकलकर यात्रा करते-करते, वे गुजरात पहुंचे, जहाँ समुद्र ने उनका स्वागत किया।

जब भगवान कपिल गंगासागर की ओर बढ़े, तो माँ देवहूति ने अपने मन को इंद्रियों में स्थान दिया और अपनी बुद्धि को परम ब्रह्मा में निहित किया। बुद्धि को विश्रांति मिलने पर उनकी बुद्धि अनुपम प्रज्ञा में परिणीत हो गई।

जैसे, लोहे की पुतली को पारस के स्पर्श से सोने का रूप दिया जा सकता है, ठीक वैसे ही माँ देवहूति ने भी परमात्मा की प्राप्ति में बुद्धि को परिणीत किया।

जब उनकी बुद्धि परम सुख में स्थित हुई, तो उनकी आंखों से आनंद के आंसू छलके। जहाँ वे आंसू गिरे, उस स्थान को 'बिन्दु सरोवर' कहा गया।

उन्हें आत्मशांति की यह सिद्धि मिली, उस स्थान को 'सिद्धपुर' कहा गया। आज भी गुजरात में सिद्धपुर और वहाँ का बिन्दु सरोवर माँ देवहूति के चरित्र की महिमा को याद करते हैं।

माताजी, श्रीमद् भागवत कथा के पुराण में, तृतीय स्कंध के अध्याय 25 में, श्री कपिलदेव जी ने तत्वों का वर्णन किया था।

उन्होंने कहा कि माते, जिस शक्ति से सम्पूर्ण सृष्टि का संचालन हो रहा है, उसकी माया से ही सम्पूर्ण जगत् प्रकट होता है। वही ज्ञानी पुरुष कहलाता है, जिसका कोई नाश नहीं होता, और वही समस्त जीवों का पालन करता है। जिसे आध्यात्मिक ज्ञान प्राप्त हो जाता है, वह सांसारिक माया में नहीं फंसता। वह प्राणी सभी प्रकार के बंधनों को त्यागकर, अपनी आत्मा को परमात्मा के साथ जोड़ लेता है।

कपिल जी ने अपनी माता देवहूति को संबोधित करते हुए कहा कि आत्मा और परमात्मा के बीच थोड़ा सा अंतर होता है, जैसे आंख और नाक के बीच अंतर होता है। परमात्मा में आत्मा का अंश होता है, और उन दोनों के बीच जो अंतर होता है, वह बहुत ही कम होता है। उन्होंने व्यक्त किया कि जब तक आत्मा शरीर में निवास करती है, तब तक प्राणी चलता-फिरता है, बोलता है, खाता-पीता है। परन्तु जब आत्मा शरीर छोड़ देती है, तो शरीर निर्जीव हो जाता है, पृथ्वी पर गिर जाता है। मृत्यु होने पर शरीर खुद को भी स्वयं नहीं पहचानता।

कपिल जी ने कहा कि हमें उस अविनाशी परमात्मा को पहचानना चाहिए, जो कभी कष्ट नहीं होता, जो अनादि काल से चला आ रहा है। जो पुरुष परमात्मा को जानते हैं, वे उसे आत्मा के साथ जोड़कर अपना सर्वस्व मानते हैं और उनके मन को उनके पादांश में अर्पित कर देते हैं।

8

कपिल अवतार क्यों

भागवत पुराण में कथा आती है कि सृष्टि की रचना के लिए इस सृष्टि को जीवंत बनाने के लिए ब्रह्मा जी ने कई पुत्रों को जन्म दिया, ब्रह्मा जी के पुत्र : विश्वकर्मा, अधर्म, अलक्ष्मी, आठ वसु, चार कुमार, 14 मनु, 11 रुद्र, पुलस्य, पुलह, अत्रि, क्रतु, अरणि, अंगिरा, रुचि, भृगु, दक्ष, कर्दम, पंचशिखा, वोढु, नारद, मरिचि, अपान्तरतमा, वशिष्ट, प्रचेता, हंस, यति आदि मिलाकर कुल 59 पुत्र थे ब्रह्मा जी के।

पहले चार पुत्र सनत कुमार कहलाये। उनका जन्म तब हुआ था, जब ज्ञानेन्द्रियों का विकास भी नहीं हुआ था। उनके बिना मस्तिष्क भौतिक संसार को नहीं जान सकता है। उन्हें किसी प्रकार की उत्तेजना का अनुभव नहीं होता है। ऐसा मस्तिष्क शुद्ध एवं शांत होता है। इसी प्रकार सनत-कुमार भी अबोध थे एवं संतानोत्पत्ति की इच्छा अथवा सामर्थ्य का उनमें भी अभाव था। ब्रह्मा ने तब कार्य करने हेतु इन्द्रियों की आवश्यकता एवं अनिवार्यता पर विचार करते हुए दस और संतानों की उत्पत्ति की, जो दस प्रजापति कहलाये।

इनमें से पांच, इन पांचों ज्ञानेन्द्रियां --आंख, कान, नाक, जिह्वा एवं त्वचा का प्रतिनिधित्व करते है एवं अन्य पांच, पांचों कर्मेन्द्रियां --हाथ, पांव, मुंह, मल-द्वार एवं जननेन्द्रिय के प्रतीक है।

मन से मारिचि, नेत्र से अत्रि, मुख से अंगिरस, कान से पुलस्त्य, नाभि से पुलह, हाथ से क्रतु, चर्चा से भृगु, प्रयाण से वशिष्ठ, अंगुष्ठ

से दक्ष, छाया से कंदर्भ, इच्छा से सनक, सनन्दन, सनातन एवं सनत कुमार, शरीर से स्वयंभुव मनु एवं शतरुपा तथा वर्तमान से चित्रगुप्त-- इन संतानों का भी उल्लेख मिलता है।

कपिल मुनि को उनके महान गुणों, उनके योगदान और उनकी अद्वितीय महिमा के कारण संस्कृति में विशेष महत्व दिया गया है। कपिल मुनि श्रुति स्मृति और पुराणों में भगवान के रूप में सम्मानित हैं, जिसका अर्थ है कि वे भगवान के समान माने गए हैं। इसके पीछे कारण यह है कि प्राचीन समय में, भगवान विष्णु के 24 अवतारों (सनकादि, पृथु, वराह, यज्ञ, कपिल, दत्तात्रेय, नर-नारायण, ऋषभदेव, हयग्रीव, मत्स्य, कूर्म, धन्वन्तरि, मोहिनी, गजेन्द्र-मोक्षदाता, नरसिंह, वामन, हंस, परशुराम, राम, वेदव्यास, नारद, कृष्ण, बुद्ध, कल्कि) में से पांचवें अवतार के रूप में कपिल मुनि का उल्लेख है। भगवान विष्णु के ये पांचवें अवतार है जो स्वयं ऋषि कपिल मुनि के रूप में प्रकट हुए थे। पांचवें अवतार के रूप में भगवान विष्णु ने स्वयं को कपिल मुनि के रूप में प्रकट किया था। बाकी जितने भी संत सन्यासी हैं, उन्हें भगवान का दर्जा नहीं दिया गया है कपिल मुनि को भगवान का दर्जा दिया गया है, , क्योंकि ऋषि कपिल ने अपने सांख्य दर्शन में कहा है कि प्रत्येक तत्व का कारण है, बिना कारण के कुछ भी नहीं है, उन्होंने पुरुष और प्रकृति के संबंध को भली भांति समझाया है, इसलिए कपिल मुनि महान है।

कपिल मुनि की अपनी महिमा अत्यंत उच्च है। जब भगवान श्री कृष्ण अर्जुन को गीता सुना रहे थे, तो सुनाते सुनाते अर्जुन को कहते हैं कि

"अश्वत्थ: सर्ववृक्षाणां देवर्षिणां च नारद: ,
गंधर्वाणां चित्ररथ: सिद्धानां कपिलो मुनि:।"

श्रीमद् भगवद गीता के अध्याय 10, श्लोक 26 में वर्णित श्लोक अर्थात वृक्षों में मैं पीपल का वृक्ष (पवित्र अंजीर का वृक्ष) हूँ; दिव्य ऋषियों में मैं नारद हूँ; गंधर्व में मैं चित्रथ हूँ और सिद्धों में मैं कपिल मुनि हूँ । यहां श्री कृष्ण ने स्वयं को कपिल कहा है, क्योंकि कपिल मुनि ऋषियों में सर्वश्रेष्ठ थे।

सिद्ध योगी होते हैं जिनके पास आध्यात्मिक पूर्णता होती है। इनमें से, ऋषि कपिल ने दर्शन की सांख्य प्रणाली को प्रकट किया और भक्ति योग की महिमा भी सिखाई जो श्रीमद भागवतम, तीसरे स्कंध में विस्तार से वर्णित।

९
सांख्य दर्शन

भारतीय प्राचीन वैदिक परंपरा में यदि सबसे प्राचीन कोई दर्शन है, तो वह है सांख्य दर्शन। सांख्य दर्शन के प्रणेता जैसा कि हम पहले पढ़ चुके हैं, ऋषि कपिल मुनि रहे हैं। यह दर्शन प्राचीन नहीं अपितु प्राचीनतम (सबसे पुराना) दर्शन है। इस दर्शन में मुख्य रूप से विकासवाद (थिअरी आफ इवोल्यूशन) को माना गया है, इसकी कई विशेषताएं हैं। इसकी कुछ विशेषताओं में सबसे पहली विशेषता यह है कि, इसको लिखने वाले इसके प्रेरणा तो स्वयं भगवान का अवतार ऋषि कपिल मुनि है।

सनातन धर्म का आधार चार वेद - ऋग्वेद, यजुर्वेद, सामवेद, और अर्थवेद हैं। ऋषि मुनियों ने इन्हें समझने और मानव जीवन को समझने के लिए 6 प्रकार के दर्शन रचे सांख्य, योग, न्याय, वैशेषिक, मीमांसा और वेदान्त के नाम से विदित हैं। इनके प्रणेता कपिल, पतंजलि, गौतम, कणाद, जैमिनि और बादरायण थे। जिनमें से एक दर्शन है सांख्य दर्शन। इन सभी दर्शनों में कर्म, भक्ति, और ज्ञान की प्रधानता को बताया गया है, क्योंकि प्रभु को पाने के तीन मार्ग हैं - कर्म, भक्ति, और ज्ञान। ऋषि कपिल मुनि ने आज से 700 ईसा पूर्व इस दर्शन की रचना की थी।

यह छह दर्शन हैं , जिनमें अलग-अलग धारणाएं हैं - कुछ नास्तिक, कुछ बहुईश्वरवादी, और कुछ एक ही भगवान को मानने वाले। सांख्य दर्शन को जितना सम्मान मिलता है, उतना अन्य किसी दर्शन को नहीं मिलता है। सांख्य दर्शन को आस्तिक और नास्तिक दोनों प्रकार के लोग

मानते हैं। भगवान बुद्ध को मानने वाले लोग भी अनिश्वरवादी होते हैं, जो ईश्वर को नहीं मानते। वे भगवान की सत्ता को नहीं मानते हैं। बुद्ध के अनुयाईयों ने भी कपिल मुनि जी के सांख्य दर्शन को अपनाया है। भगवान बुद्ध ने अपने जीवन के 29 वर्ष कपिलवस्तु नामक जगह पर निकाले, जिससे स्पष्ट है कि इस जगह का नाम कपिल मुनि के नाम के आधार पर ही पड़ा होगा। सांख्य दर्शन का प्रमाण हमें भागवत पुराण, भागवत गीता, बौद्ध धर्म, और जैन धर्म में मिलता है।

"सांख्य दर्शन के अनुसार, शंकर प्रवचन सूत्र सांख्य शास्त्र कि पहली पुस्तक हो सकती है, जिसे कपिल मुनि जी ने 700 या 800 ईसा पूर्व लिखा था, लेकिन आज यह उपलब्ध नहीं हैं या हो सकता है नष्ट हो गई होगी। 300 ईसा पूर्व, आचार्य ईश्वरकृष्ण ने संख्या कारिकाएं लिखीं थीं, जिन्हें सूत्रों के रूप में प्रस्तुत किया था। जब इस पुस्तक को प्राप्त किया गया, तो उसमें ईश्वरकृष्ण जी ने कपिल मुनि को अपना आदि गुरु बताया।

सबसे पहले, आसुरी नामक मुनि ने कपिल जी से यह ज्ञान प्राप्त किया, और इसी प्रकार, यह परंपरा आगे बढ़ी। आखिरकार, आचार्य ईश्वरकृष्ण द्वारा लिखी सांख्य कारिकाएं पढ़कर ही लोगों ने सांख्य दर्शन को समझा।

हर दर्शन का एक आधार होता है जो उसे जन्म देता है, उसे फलित करता है, और उसे उसके उद्देश्य की ओर ले जाता है। सांख्य दर्शन का आधार सत्कार्यवाद है, सत्य कार्यों से ही सत्कार्यवाद उत्पन्न होते हैं। इसमें यह नहीं कहा जा सकता कि सत्य से असत्य हो सकता है, या फिर कुछ नहीं से कुछ हो सकता है।

सत्कार्यवाद में दो प्रकार की चीजें आती हैं: कारण और कार्य। एक निमित्त कारण होता है, और एक उपादान कारण होता है। उदाहरण के लिए, एक मिट्टी का घड़ा होता है, उसके अस्तित्व के लिए दो कारण हैं: एक कुम्हार और एक मिट्टी। यदि कुम्हार नहीं है, तो भी मिट्टी का घड़ा नहीं बनेगा, और अगर मिट्टी नहीं है, तो भी मिट्टी का घड़ा नहीं बनेगा। यहाँ, कुम्हार निमित्त कारण है, और मिट्टी उपादान कारण है।

सांख्य दर्शन में भी यहीं विचार किया गया है कि पहले कारण आता है और फिर कार्य। उदाहरण के तौर पर, ब्रह्मांड की रचना हुई है, लेकिन उसका कारण क्या है, यह जानना मुश्किल है। सांख्य दर्शन कहता है कि अगर कार्य है, तो कारण का अनुमान लगाकर पता लगाया जा सकता है। जैसे कि किसी के पुत्र को देखकर उनके माता-पिता के बारे में अनुमान लगाया जा सकता है। इसी प्रकार हमारे ऋषि-मुनियों ने भी सोचा कि ब्रह्मांड में जो तीन प्रकार की चीजें दिखाई देती हैं, उसका कारण भी उसी प्रकार का होगा।

ब्रह्मांड में तीन प्रकार की वस्तुएं दिखाई देती हैं: पहली, जो प्रकाशमान है; दूसरी, जो बहुत ज्यादा चमकीली है; और तीसरी, जो स्थिर अंधकारमय है। इसी तरह धरती पर भी ऐसे लोग देखने को मिलते हैं जिनमें ये तीन गुण दिखते हैं।

यदि ब्रह्मांड के कार्य में ये तीन प्रकार की एक्टिविटी है, तो सांख्य दर्शन में ब्रह्मांड का कारण प्रकृति को माना जाता है। 'प्रकृति' शब्द से आशय उस प्रकृति से नहीं है जो पेड़-पौधों, नदियों, झरनों के रूप में दिखती है, बल्कि यहाँ 'प्रकृति' का अर्थ है - प्रारंभ में उत्पन्न हुआ कारण, जो कार्य से पहले है। ब्रह्मांड का उपादान कारण 'प्रकृति' माना जाता है।

सांख्यदर्शन के अनुसार 'प्रकृति' में तीन गुण दिखाई देते हैं: 'सत्वगुण', जो प्रकाशमान है; 'रजोगुण', जो चंचलता से भरा है; और 'तमोगुण', जो उदासीनता और अंधकारमय है। ये तीन गुण प्रकृति की मूल प्रकृति में दिखाई नहीं देते हैं, क्योंकि वे जड़ हैं, अनंत हैं, असीम हैं, और चेतना से रहित हैं। इन्हें चेतना से परिपूर्ण बनाने के लिए चेतना की आवश्यकता होती है, जो केवल पुरुषों के पास है।

10

प्रस्तुत चित्रो को देखिए

प्रस्तुत चित्रों में आप मंदिर की प्राचीन मूर्तियों, अद्वितीय वास्तुकला, और शिलालेखों की भव्यता का सजीव अनुभव कर सकते हैं। ये चित्र न केवल इस मंदिर की प्राचीनता और गौरवशाली इतिहास की झलक प्रस्तुत करते हैं, बल्कि उस काल की सांस्कृतिक और कलात्मक धरोहर की गहरी छाप भी हमारे समक्ष रखते हैं। इन मूर्तियों की बारीक नक्काशी और शिलालेखों की उत्कृष्टता उस काल की कला, संस्कृति, और आध्यात्मिकता की उच्चतम स्तर की समझ को दर्शाती है।

मंदिर में स्थित प्रत्येक मूर्ति और शिलालेख एक अनकही कहानी कहता है, जो हमें उस युग के धार्मिक, सांस्कृतिक, और सामाजिक परिवेश में लेकर जाता है। इन शिल्पकृतियों की हर रेखा और हर अभिव्यक्ति, उस समय के कलाकारों की कुशलता और उनके समर्पण का प्रमाण है। यह मंदिर केवल एक धार्मिक स्थल नहीं, बल्कि एक ऐसा स्थान है, जहाँ हमारी सांस्कृतिक धरोहर जीवंत हो उठती है।

इन चित्रों के माध्यम से हमें उस युग की महान कला, वैभव और समृद्धि का साक्षात्कार होता है, जो हमारे इतिहास और सांस्कृतिक विरासत की अमूल्य धरोहर को संजोए हुए है। इन मूर्तियों और शिलालेखों को देखकर हम न केवल उस युग के महान शिल्पकारों और

उनकी कला को सम्मान देते हैं, बल्कि उस सभ्यता की उच्च सांस्कृतिक चेतना और आध्यात्मिकता को भी समझने का अवसर पाते हैं।

पुरातात्विक विभाग के अनुसार, यह गोमुख 3000 वर्ष पुरानी है और यहाँ से 12 महीने पानी निकलता है। लोगों के के अनुसार, यह सबसे प्राचीन है

यह मंदिर के सामने हेडपंप है जिसके अंदर से अपने आप पानी निकलता है

पुरातत्व विभाग के अनुसार, यह मूर्तियां 3000 वर्ष पुरानी हैं, जो आज तक अपने अस्तित्व को बनाए रखी हैं। इनकी कलाकृति व कलाशैली अद्भुत है।

पुरातत्व विभाग के अनुसार, 3000 वर्ष पुरानी ये मूर्तियां आज भी अपने अस्तित्व को संजोए हुए हैं। इनकी अद्भुत कलाकृति और शैली बेजोड़ है।

पुरातत्व विभाग के अनुसार, ये मूर्तियां 3000 वर्षों से भी अधिक प्राचीन हैं। इनकी कलाकृतियों में उन्नीसवीं शताब्दी की वही उत्कृष्टता है जो खजुराहो की मूर्तियों में देखने को मिलती है।

ये मूर्तियां हमारे ऐतिहासिक और सांस्कृतिक वर्चस्व की जीवंत प्रतीक हैं, जो हमारी धरोहर और विरासत की गहराई को उजागर करती हैं। इनके माध्यम से हम ऐतिहासिक घटनाओं, संस्कृति, और धर्म की समृद्धता को समझ सकते हैं।

ये मूर्तियां हमारे ऐतिहासिक और सांस्कृतिक वर्चस्व की जीवंत प्रतीक हैं, जो हमारी धरोहर और विरासत की गहराई को उजागर करती हैं। इनके माध्यम से हम ऐतिहासिक घटनाओं, संस्कृति, और धर्म की समृद्धता को समझ सकते हैं।

पुरातत्व विभाग के अनुसार, ये मूर्तियां 3000 वर्ष पुरानी हैं, जो आज तक अपने अस्तित्व को संजोए हुए हैं। इन मूर्तियों का ध्यानपूर्वक अध्ययन करें और विचार करें कि ऐसी मूर्तियां और कहाँ मिलती हैं। जहाँ भी ये मिलती हैं, वहाँ का इतिहास जितना प्राचीन है, उतना ही प्राचीन इस स्थान का इतिहास भी होगा।

जब भी मैं मंदिर जाता हूँ, तो विशेष रूप से मूर्तियों को ध्यान से देखता हूँ और उनकी तस्वीरें खींचता हूँ। मैं उनके इतिहास, महत्व और धार्मिक संदेश को समझने का हर संभव प्रयास करता हूँ। पुरातत्व विभाग के अनुसार, ये मूर्तियां 3000 वर्ष पुरानी हैं, जो आज तक अपने अस्तित्व को संजोए हुए हैं।

ये सभी मंदिर भूमिगत खजाने की तरह जमीन के अंदर से प्रकट हुए हैं और आज भी अपनी मूल अवस्था में अद्वितीय शिल्पकला के साथ खड़े हैं। सदियों की धूल और समय की परतों को हटाकर भी, ये मंदिर अपनी प्राचीनता और गौरवशाली स्थापत्य कला को यथावत बनाए हुए हैं।

यह सुरई है, जो कभी बड़ी संख्या में पाई जाती थी, लेकिन अब विलुप्ति के कगार पर पहुँच चुकी है। अपनी प्राचीनता और पवित्रता की

मिसाल, ये सुरई सदियों से संत-महात्माओं की समाधियों के रूप में प्रतिष्ठित हैं। इनकी मौन उपस्थिति आज भी हमारे आध्यात्मिक इतिहास और धार्मिक धरोहर की गहराई को सजीव रूप से व्यक्त करती है।

यह वही पवित्र कुंड है, जिसमें स्नान करने के बाद मां देवहूति ने अपने दिव्य और यथावत रूप को पुनः प्राप्त किया था। यह कुंड न केवल एक ऐतिहासिक स्थल है, बल्कि एक आध्यात्मिक प्रतीक भी है, जो देवी की तपस्या, त्याग, और आस्था की गहनता को आज तक संजोए हुए है।

यह पत्थर की शिला अत्यंत प्राचीन है। प्रतिमा में कपिल मुनि अपने माता-पिता के साथ हैं, जो उनके जीवन में परिवार के महत्वपूर्ण स्थान को दर्शाती है। यह शिला धार्मिकता और संस्कृति की धरोहर का प्रतीक है।

भगवान कपिल मुनि का नया मंदिर एक दिव्य स्थल है, जहां कपिल मुनि अपने माता-पिता के साथ विराजमान हैं। इस मंदिर में श्रद्धालुओं को उनकी महानता और परिवार के प्रति उनके प्रेम का दर्शन होता है। यहां केशवाचार्य जी महाराज भी मौजूद हैं, जो भगवान कपिल के परम भक्त माने जाते हैं। उनकी भक्ति और सेवा से यह स्थल और भी पवित्र हो जाता है। यह मंदिर केवल एक धार्मिक स्थल नहीं, बल्कि आध्यात्मिक ज्ञान और श्रद्धा का केंद्र भी है, जहां भक्तों को शांति और प्रेरणा मिलती है।

यह भगवान कपिल की अति प्राचीन मूर्ति है, जो प्राचीन मंदिर में स्थित है। इस मूर्ति में अद्वितीय तेज है, जो भक्तों को आकर्षित करता है। इसके दर्शन करने के बाद भक्तों को भगवान कपिल का साक्षात दर्शन करने का अनुभव होता है, जिससे आध्यात्मिक आनंद की अनुभूति होती है।

अग्रिम निवेदन

आज, भारत दुनिया का सबसे शक्तिशाली युवा देश है। और किसी भी देश की नींव वहाँ के युवाओं पर टिकी होती है। भारत युवाओं का एक ऐसा देश है जिसके पास नया खून है, जिसके पास नया दिमाग है, जिसके पास जुनून है, जिसके पास नहीं दृढ़ता है, वीरता है, तरंग है, पराक्रम है, साहस है, और शौर्य है। जिसके पास धरती जैसा धैर्य है, तो अग्नि जैसा तेज है, वायु जैसा वेग है, जल जैसी शीतलता है, और आकाश जैसी विराटता है।

130 करोड़ की जनसंख्या वाला अगर कोई देश जाना जाता है तो वह मेरा भारत देश जाना जाता है। भारत कोई सामान्य देश नहीं है, हम दुनिया में इसलिए नहीं जाने जाते हैं कि हम दुनिया की सबसे बड़ी आबादी वाले देश है बल्कि इसलिए जाने जाते हैं क्योंकि भारत अपनी गौरवशाली परंपरा को लेकर आगे बढ़ रहा है। हम हमारे संस्कारों और संस्कृति के साथ आगे बढ़ रहे हैं।

आज आप सभी युवा अपनी ऊर्जा को इस कपिल आश्रम को दुनिया के सामने लाने में खर्च करें अपने काम के साथ अपने पूर्वजों के प्रयासों को आगे बढ़ाते हुए भगवान कपिल के इस आश्रम को भव्य रूप देने का संकल्प लें।

केलधार में आने वाले समय में एक विशाल स्थान होगा, जहां पूरी दुनिया के लोग आएँगे। मेरा सिर्फ एक निवेदन है - चाहे आप कहीं भी हों, आपके मन और मस्तिष्क में भगवान कपिल का विचार होना चाहिए। जब आप बाहर घूमने जाएँ और लोगों से मिलें, तो उन्हें बताएं कि हमारे केलधार में भगवान कपिल मुनि का आश्रम है, जहाँ उनका जन्म हुआ था।

अगर आप किसी नौकरी में हैं, तो नौकरीदारों को साथ लेकर आइए और उन्हें दर्शन कराइए। उन्हें बताइए कि कपिल मुनि की महिमा अद्भुत है। बड़े व्यापारी हों तो अपने साथ अन्य बड़े व्यापारियों को भी लेकर आइए और उन्हें आश्रम के बारे में बताइए। साथ ही उनसे यह भी कहिए कि वे इस आश्रम के लिए कैसे सहायता कर सकते हैं।

आप जहाँ भी जाएँ, दो लोगों को भी इस आश्रम के बारे में बताइए और उन्हें भी दो और लोगों को बताने का आग्रह करें। इस तरह से लाखों लोगों को इस आश्रम के बारे में पता चलेगा।

इससे हमारे केलधार का आश्रम भगवान कपिल मुनि का प्रचार होगा, जो पूरी दुनिया में प्रसिद्ध होगा। हमारे लिए इससे बड़ी खुशी और गर्व की बात और कुछ नहीं हो सकती। दुनिया में केलधार की पहचान होगी।

हमें शस्त्र और शास्त्र दोनों का ज्ञान होना चाहिए। यदि हमसे कोई कपिल के बारे में पूछे तो हमें कपिल भगवान से संबंधित उनके सांख्य दर्शन के बारे में जानकारी होनी चाहिए। हमेशा हमें अच्छे विचारों को सुनना, लिखना, पढ़ना, संवाद करना, विश्लेषण करना चाहिए। यह सभी प्रक्रियाएं अपने आत्मविश्वास को बढ़ाती हैं। वीर बनने के लिए आवश्यक है कि हमारी श्रद्धा हमारे शास्त्रों में हो। हमें अनुभवजन्य और तर्कसंगत सोचना चाहिए। हमारे शास्त्र ही हमारी श्रद्धा है। किसी भी चीज़ को जानने के लिए उसे जानना मानना नहीं, अपितु उसे अपने आचरण में लाना पड़ेगा। तभी वीर बन सकते हैं। हमें मन, वचन और कर्म से वीर बनना है।

मैं आपसे ज्यादा कुछ नहीं मांग रहा। मेरा सिर्फ इतना सा आग्रह है कि आप अपने रिश्तेदारों को इस आश्रम में लेकर आएं, आप अपने बच्चों को इस आश्रम में लेकर आएं, और आप अपने परिवार के साथ इस आश्रम में आकर खाना खाएं।

अंत में मैं सिर्फ इतनी आप सभी से विनती करूंगा कि हमें अपने इतिहास को खुद संजोय कर रखना है। कहते हैं कि यदि किसी कार्य को करने में हमें शाम, दाम, दंड, भेद इन चार चीज़ों की आवश्यकता पड़ती है तो हम जिस प्रकार से सहायता कर सकते हैं, उस प्रकार से हम इस आश्रम की सहायता करें। हमें हमारी ऐतिहासिक चीजों को संरक्षित करने के लिए एक संग्रहालय/म्यूजियम का निर्माण करना चाहिए, ताकि भविष्य में हमारी पीढ़ियों को और पूरे देश को बता सकें कि हमारा कपिल मुनि के आश्रम का इतिहास अति वर्षों प्राचीन है, जो आज भी कई वर्षों के बाद अपनी प्राचीनता और ऐतिहासिकता से भरा

हुआ है केलधार हमारी गर्वशील विरासत है।

आभार

आप सभी ने अपना कीमती समय निकालकर इस पुस्तक को पढ़ा, इसके लिए मैं हृदय से आपका आभार व्यक्त करता हूँ। आपके प्रेम और समर्थन ने इस पुस्तक को पूर्णता तक पहुँचाया है, जिसके लिए मैं अत्यंत कृतज्ञ हूँ।

आपको यह बताते हुए अत्यंत हर्ष हो रहा है कि "कपिल का केलधार – भाग 2" शीघ्र ही आपके समक्ष होगा। इस आगामी भाग में कपिल मुनि के आश्रम से जुड़ी और भी अद्वितीय जानकारियाँ और रोचक प्रसंग प्रस्तुत किए जाएँगे, जो आपको उनके जीवन और शिक्षाओं के और भी निकट ले आएँगे।

आपके समर्थन और स्नेह के बिना यह यात्रा संभव नहीं थी। आपके प्रोत्साहन के लिए एक बार फिर से धन्यवाद। आशा है कि हम आगे भी इसी प्रकार साथ रहेंगे और हमारी यह ज्ञानयात्रा निरंतर चलती रहेगी।

आप सभी का हृदय से आभार।

मंदिर में की जाने वाली संपूर्ण आरती विधिवत क्रम से

<u>आरती - श्री रामचंद्रजी की</u>

श्री राम चंद्र कृपालु भजमन हरण भव भय दारुणम्।

नवकंज लोचन कंज मुखकर, कंज पद कन्जारुणम्॥

अर्थ: श्री रामचंद्रजी के श्री चरणों की भक्ति करो, जो संसार के भय और दुखों को नष्ट करने वाले हैं। उनके नेत्र कमल के समान सुंदर हैं, उनका मुख भी कमल के समान है और उनके चरण कमल के समान लाल हैं। उनके इस दिव्य रूप का ध्यान करना चाहिए।

कंदर्प अगणित अमित छवी नव नील नीरज सुन्दरम्।

पट्पीत मानहु तडित रुचि शुचि नौमी जनक सुतावरम्॥

अर्थ: श्री रामचंद्रजी की रूप रेखा अनगिनत मदन (कंदर्प) की छवियों से भी अधिक सुंदर और आकर्षक है। उनका रूप नव नील कमल के समान है। वे पीले रंग के वस्त्र धारण किए हुए हैं, जैसे आकाश में चमकती बिजली। वे जनक नंदिनी (सीता माता) के पतिदेव हैं, और हम उनका सम्मान करते हुए उनकी पूजा करते हैं।

भजु दीन बंधु दिनेश दानव दैत्य वंश निकंदनम्।

रघुनंद आनंद कंद कौशल चंद दशरथ नन्दनम्॥

अर्थ: भगवान श्री रामचंद्रजी दीन-हीन, दुखी और गरीबों के सच्चे सहायक हैं। वे रघुकुल के वंशज हैं और दिनेश (सूर्य) के समान दीपक की तरह जगमगाते हैं। वे राक्षसों और दैत्यों का नाश करने वाले हैं, और रघुनंदन, आनंद के कंद (स्रोत) और कौशल के चंद्रमा हैं। वे दशरथ के पुत्र हैं और हमें उनका ध्यान करना चाहिए।

सिर मुकुट कुण्डल तिलक चारु उदारु अंग विभूषणं।

आजानु भुज शर चाप धर संग्राम जित खर-धूषणं॥

अर्थ: श्री रामचंद्रजी के सिर पर मुकुट और कानों में कुण्डल हैं। उनका शरीर तिलक से सुसज्जित है और उनके अंगों पर दिव्य आभूषण हैं। उनके हाथों में धनुष और बाण हैं, जो युद्ध में खर और दूषण जैसे राक्षसों को पराजित करते हैं। वे सच्चे वीर और महान हैं।

इति वदति तुलसीदास शंकर शेष मुनि मन रंजनम्।
मम हृदय कुंज निवास कुरु कामादी खल दल गंजनम्॥

अर्थ: तुलसीदास जी कहते हैं कि श्री रामचंद्रजी का रूप और गुण शंकर, शेषनाग, मुनियों और योगियों के मन को प्रसन्न करने वाले हैं। मैं अपनी प्रार्थना में भगवान राम से निवेदन करता हूं कि वे मेरे हृदय के भीतर निवास करें और मेरे मन और भावनाओं को शुद्ध करें, जिससे मैं अपने पापों और बुराईयों से मुक्त हो जाऊं।

मनु जाहिं राचेऊ मिलिहि सो बरु सहज सुंदर सावरो।
करुना निधान सुजान सिलू सनेहू जानत रावरो॥

अर्थ: तुलसीदास जी भगवान राम से प्रार्थना करते हैं कि "हे राम, आप मुझसे प्रेम करें, जैसे आपने मनुष्य रूप में अवतार लिया था। आपके पास करुणा और प्रेम का अपार भंडार है, और आप जानने वाले हैं। कृपया मुझे अपना दीन दुखी भक्त स्वीकार करें।"

यही भांती गौरी असीस सुनी सिय सहित हिय हरषी अली।
तुलसी भवानी पूजि पूनी पूनी मुदित मन मंदिर चली॥

अर्थ: भगवान राम की आरती का फल पाकर श्री रामचंद्र जी और सीता माता के हृदय में प्रसन्नता उत्पन्न होती है। और तुलसीदास जी भी अपने मन मंदिर में खुशी से राम और सीता की पूजा करते हुए पूर्ण रूप से आनंदित हो जाते हैं।

दोहा:

जानी गौरी अनुकूल सिय हिय हरषु न जाइ कहि।
मंजुल मंगल मूल वाम अंग फरकन लगे॥

अर्थ: भगवान राम के चरणों में आस्था रखने पर सीता माता का हृदय आनंदित होता है। उनके हृदय में भगवान राम के प्रति प्रेम और खुशी की कोई सीमा नहीं रहती। साथ ही, भगवान राम की उपस्थिति से उनके दायें अंग में भी शांति और सुख का संचार होने लगता है।

<u>स्तुति भगवान श्री राम</u>

मौसम दीन न दीन हितय, तुम समान रघुवीर।
अस विचार रघुवंश मणि, हरहू विसम् भव पीर।।

कामहि नारी पियारी जिमी, लोभहि प्रिय जिमि दाम।
तुम रघुनाथ निरंत रहो, प्रिय लगहु मोहि राम।।

प्रनत पाल रघुवंश मणि, करुणा सिंधु खरार,।
गये शरण प्रभु राखी हैं, सब अपराध विसारि।।

श्रवण सुनत सुन आई हों, प्रभु भंजन भव पीर।
त्राहि त्राहि आरत हरण, शरण सुखद रघुवीर।।

अर्थ न धर्म न काम रूचि, गति न चहो निर्वान।
जनम जनम रति राम पदय, यह वरदान न आन।।

बार बार वर मगहु, हरसु देव श्री रंग।
पद सरोज अन पायनि, भक्ति सदा सत संग।।

वरनी उमा पति राम गुण, हरस् गये कैलास।
तब प्रभु कपिन दिवाये हैं, सब विधि सुख प्रद वास।।

एक मंद में मोह बसे, कुटिल हृदय अज्ञान।
पुनि प्रभु मोहि न विसरियो, दीन बंधु भगवान।।

नहीं विद्या नहीं बाहुवली, नहीं खरचन् को दाम।
मोसे पतित अपंग की, तुम पति राखो राम।।

कोटि कल्प काशी बसे, मथुरा कल्प हजार।
एक दिवस सरजू बसे, बसे न तुलसी दास।।

राम जी नगरिया राम की, बसे गंग के तीर।
अटल राज महाराज की, चौकी हनुमत वीर।।

कहा कहो छवि आपकी, भले विराजे नाथ।
तुलसी मस्तक जब नवे, धनुष बाण लिए हाथ।।

धनुष बाण हाथन लियो, शीश मुकुट धर शीश।
कृपा कियो दर्शन दियो, तुलसी नवावे शीश।।

कृत मुरली कृत चंद्रिका, कृत गोपिन को साथ।
अपने जन के कारने, श्री कृष्ण भये रघुनाथ।।

राम वाम जस जानकी, लखन दाहिनी ओर,।
ध्यान सकल कल्याण मणि, सुर पुर तुलसी तोर।।

अवध धाम धामन पति, अवतारण पति राम।
सकल सिद्धि पति जानकी, श्री दासन पति हनुमान।।

अजगर करे न चाकरी, पंछी करे न काम।
दास मलुका कह गये, सबके दाता राम।।

राम जी झरोखा बैठके, सबको मुजरा लेन।
जाकी जैसि चाकरी, प्रभु ताको तैंसो देन।।

अस प्रभु दीन न बंधु हरि, कारण रहित कृपाल।
तुलसी दास सठ ताहि भजो, छोड़ कपट जंजाल।।

गुरु मूरति मुख चंद्रिका, सेवक नयन चकोर।
अष्ट प्रहर निरखत रहु, गुरु चरनन ओर।।

चलो सखी वहा जाइये, जहाँ वषै ब्रज राज।
गोरस बेचत हरि मिले, एक पंथ दो काज।।

चित्र कूट चिंता हरण, गये सरजू के तीर।
वहाँ कछुक दिन राम रहे, सिया लखन रघुवीर।।

वृन्दावन सो वन नहीं, नंदगाव सो गाव।
वंशी वट सो वट नहीं, मोरे कृष्ण नाम से नाम।।

धनुष चढ़ाये राम ने, चकित भये सब भूप।
मगन भई सिया जानकी, देख रामजी को रूप।।

ब्रज चौरासी कोस में, चार धाम निज धाम।
वृन्दावन और अबध् पुरी, वरसाने नंद गाव।।

एक घड़ी आधी घड़ी, आधी में पुनि आध्।
तुलसी चर्चा राम की, हरहु कोटि अपराध।

यह श्लोक भगवान श्रीराम की महिमा का गुणगान करते हैं। सभी श्लोकों का एकत्रित अर्थ इस प्रकार है:

भगवान श्रीराम सबसे बड़े करुणामयी और दीननाथ हैं। वे रघुकुल के मणि हैं और उनकी शरण में आने से संसार के कष्ट और भय दूर हो जाते हैं। जैसे नारी और प्रिय वस्तु के प्रति काम की इच्छा होती है, और लोभ से धन प्रिय लगता है, वैसे ही श्रीराम मेरे प्रिय हैं। वे रघुकुल के पालनहार हैं और करुणा के सागर हैं। जो भगवान श्रीराम की शरण में जाता है, उसके सभी पाप नष्ट हो जाते हैं। श्रीराम के यश को सुनने से मनुष्य के जीवन के सभी भय समाप्त हो जाते हैं और वे शरण में सुख और शांति पाते हैं। मुझे न तो धर्म, न काम और न ही निर्वाण की कोई

इच्छा है, मेरी केवल एक ही इच्छा है कि मुझे हमेशा भगवान श्रीराम के चरणों में प्रेम और भक्ति मिलती रहे। मैं बार-बार श्रीराम से यह वरदान मांगता हूँ कि वे मुझे अपनी भक्ति प्रदान करें। भगवान राम के चरणों में हमेशा भक्ति और सत्संग का साथ हो। श्रीराम के गुणों का वर्णन भगवान शिव ने किया था और वे कैलास पर्वत से हनुमान को भेजकर संसार को सुख प्रदान करते हैं। मेरी हृदय में कभी मोह और कुटिलता आती है, लेकिन भगवान राम हमेशा मुझे नहीं भूलते, वे हमेशा मेरे साथ होते हैं। मेरे पास न कोई विद्या है, न बाहुबली, न धन है, लेकिन मुझे विश्वास है कि भगवान राम मेरी सभी दोषों को क्षमा करेंगे और मुझे अपनी शरण में रखेंगे। भगवान राम के नगर अयोध्या में हर भक्त को सुख और शांति मिलती है और वहां हनुमान वीर के रूप में बैठते हैं। भगवान राम की छवि इतनी सुंदर है कि वे किसी भी भक्त से दूर नहीं जाते। जब मैं तुलसीदास उनके चरणों में सिर झुका देता हूँ, तो वे धनुष-बाण लेकर मेरे दर्शन करते हैं। भगवान राम ने मुरली और चंद्रिका के साथ गोपियों के बीच रास रचाया और इसी कारण वे रघुकुल के नायक बन गए। भगवान राम का यश उनकी पत्नी सीता और भाई लक्ष्मण के साथ जुड़ा हुआ है और उनका ध्यान करने से सभी का कल्याण होता है। श्रीराम ने अयोध्या में अवतार लिया और वहां के राजा बनकर सभी को सुख और शांति दी। भगवान राम की पत्नी सीता सभी सिद्धियों की देवी हैं और हनुमान जी उनके दास और भक्त हैं। जो भी भगवान राम के नाम का जाप करता है, उसका जीवन सफल हो जाता है। भगवान राम के बिना संसार में कोई काम नहीं चलता। जैसे दास मलुका ने कहा है, भगवान राम सभी के दाता हैं और सबकी रक्षा करते हैं। ते हमेशा अपने महल के झरोखे से बैठकर भक्तों से नमन स्वीकार करते हैं और उन्हें आशीर्वाद प्रदान करते हैं। जो भगवान राम की सेवा करता है, वह सुख और आशीर्वाद प्राप्त करता है। भगवान श्रीराम दीन-हीन के बंधु हैं और वे बिना किसी कारण के कृपालु होते हैं। तुलसीदास कहते हैं कि हमें भगवान राम की सच्चे दिल से पूजा करनी चाहिए और कपट को छोड़ देना चाहिए।

<u>दीप मंत्र:</u>

शुभं करोति कल्याणम् आरोग्यं धनसंपदा।
शत्रुबुद्धिविनाशाय दीपज्योतिर्नमोऽस्तुते॥

अर्थ: यह दीपक शुभ, कल्याणकारी, आरोग्य और धन देने वाला है। यह हमारे शत्रुओं की बुरी बुद्धि का विनाश करे। इस दीपज्योति को नमन है।

दीपज्योति: परब्रह्म दीपज्योतिर्जनार्दनः।
दीपो हरतु मे पापं दीपज्योतिर्नमोऽस्तुते॥

अर्थ: दीपक की ज्योति परब्रह्म स्वरूप है, यह ज्योति जनार्दन भगवान का प्रतीक है। यह दीपक हमारे पापों का नाश करे। उस दीपज्योति को प्रणाम है।

<u>कपिल मुनि महाराज आरती</u>

जय जय कपिल मुनि महाराज, राखो शरण पड़ी की लाज।

राखो शरण पड़ी की लाज, राखो शरण पड़े की लाज,

जय जय कपिल मुनि महाराज, राखो शरण पड़ी की लाज।।

कर्दम पिता देव होती माता,

तुम हो शांति शास्त्र के ज्ञाता,

सभी वेदों की तुम सरताज।

जय जय कपिल मुनि महाराज, राखो शरण पड़ी की लाज।।

तुम हो रक्षक पिता हमारे,

हम अज्ञानी दास तुम्हारे,

बुद्धि ज्ञान दो कुछ हमको आज।

जय जय कपिल मुनि महाराज, राखो शरण पड़ी की लाज।।

न कछु साधन, न कछु भक्ति,

नाही धान्ये पुण्य की शक्ति,

हम पर दया करो महाराज।

जय जय कपिल मुनि महाराज, राखो शरण पड़ी की लाज।।

जो कोई आया भक्ति सवाली,

तेरे दर से गया ना खाली,

पल में सभी सवारी काज।

जय जय कपिल मुनि महाराज, राखो शरण पड़ी की लाज।

मन में छाया गोरा अंधेरा,

केवल एक आसरा तेरा,

संकट हरो हमारो आज।

जय जय कपिल मुनि महाराज, राखो शरण पड़ी की लाज।

राखो शरण पड़ी की लाज,

राखो शरण पड़े की लाज।

जय जय कपिल मुनि महाराज, राखो शरण पड़ी की लाज।

रुद्राष्टकम

नमामीशमीशान निर्वाण रूपं,

विभुं व्यापकं ब्रह्म वेदस्वरूपम्।

निजं निर्गुणं निर्विकल्पं निरीहं,

चिदाकाशमाकाशवासं भजेऽहम्॥

अर्थ: मैं ईश्वर के ईश्वर, भगवान शिव को प्रणाम करता हूँ, जो मोक्ष के स्वरूप हैं। वे अनंत और सर्वव्यापक हैं, और वेदों के माध्यम से उनका स्वरूप प्रकट होता है। वे अपने में स्थित हैं, निर्गुण (गुणों से परे) हैं, विकार रहित हैं, और कामनाओं से रहित हैं। वे चैतन्य रूपी आकाश में स्थित हैं और अंतरिक्ष के वासी हैं, ऐसे भगवान शिव को मैं नमस्कार करता हूँ।

निराकारमोंकारमूलं तुरीयं,

गिराज्ञान गोतीतमीशं गिरीशम्।

करालं महाकाल कालं कृपालुं,

गुणागार संसारपारं नतोऽहम्॥

अर्थ: भगवान शिव निराकार हैं, ओंकार के मूल हैं, और तुरीय अवस्था (चौथी और सर्वोच्च अवस्था) में स्थित हैं। वे अज्ञान और गुणों से परे हैं और पर्वतों के राजा (हिमालय) के प्रिय हैं। महाकाल के रूप में वे काल के भी काल हैं और परम कृपालु हैं। वे गुणों का खजाना हैं और संसार से परे हैं। ऐसे शिव को मैं प्रणाम करता हूँ।

तुषाराद्रि संकाश गौरं गभीरं,

मनोभूत कोटि प्रभा श्री शरीरम्।

स्फुरन्मौलि कल्लोलिनी चारुगंगा,

लसद्भालबालेन्दु कंठे भुजंगा॥

अर्थ: वे हिमालय के समान उज्ज्वल और शांत हैं और उनका स्वरूप गंभीर है। उनके श्री शरीर की प्रभा करोड़ों कामदेवों से अधिक मनोहर है। उनके मस्तक पर गंगा की लहरें विराजमान हैं, उनके ललाट पर अर्धचंद्र है, और उनके गले में सर्प सुशोभित है।

चलत्कुण्डलं भ्रू सुनेत्रं विशालं,
प्रसन्नाननं नीलकण्ठं दयालम्।
मृगाधीश चर्माम्बरं मुण्डमालं,
प्रियं शंकरं सर्वनाथं भजामि॥

अर्थ: उनके कानों में झूलते हुए कुंडल हैं, उनकी भौंहें और नेत्र सुंदर और विशाल हैं। उनका मुख प्रसन्न है और वे नीलकंठ हैं (जिनका गला नीला है)। वे दयालु हैं, उनके वस्त्र के रूप में मृगचर्म है, और मुण्डमाला धारण किए हुए हैं। वे प्रिय शंकर हैं, समस्त जीवों के स्वामी हैं, और मैं उनकी भक्ति करता हूँ।

प्रचण्डं प्रकृष्टं प्रगल्भं परेशं,
अखण्डं अजं भानु कोटि प्रकाशम्।
त्रयः शूल निर्मूलनं शूलपाणिं,
भजेऽहं भवानीपतिं भाव गम्यम्॥

अर्थ: वे प्रचंड, महाशक्तिशाली और पराक्रमी हैं। वे परमेश्वर हैं, अखंड हैं, अजन्मा हैं और करोड़ों सूर्यों के समान तेजस्वी हैं। वे त्रिशूल से संसार के कष्टों का नाश करने वाले हैं, और उनके हाथ में त्रिशूल है। वे भवानी के पति हैं, और मैं उनकी भक्ति करता हूँ, जो भक्तों के भावों को जानने वाले हैं।

कलातीत कल्याण कल्पान्तकारी,
सदा सच्चिदानन्द दाता पुरारी।
चिदानन्द संदोह मोहापहारी,
प्रसीद प्रसीद प्रभो मन्मथारी॥

अर्थ: वे समय और गुणों से परे हैं, कल्याणस्वरूप हैं, और प्रलय के समय सृष्टि का संहार करते हैं। वे सदा ही सत्य, चेतना और आनंद का दान करने वाले हैं और त्रिपुरासुर के संहारक हैं। वे चैतन्य आनंद के

भंडार हैं, मोह का नाश करने वाले हैं। हे कामदेव के शत्रु (शिव), मुझ पर प्रसन्न हों।

न यावत् उमानाथ पादारविन्दं,

भजन्तीह लोके परे वा नराणाम्।

न तावत्सुखं शान्ति सन्ताप नाशं,

प्रसीद प्रभो सर्व भूताधिवासं॥

अर्थ: जब तक कोई इस संसार में या परलोक में शिव के चरणों की भक्ति नहीं करता, तब तक उसे सुख, शांति और संताप का नाश नहीं मिल सकता। हे प्रभु, आप समस्त प्राणियों में निवास करने वाले हैं। कृपया मुझ पर प्रसन्न हों।

न जानामि योगं जपं नैव पूजां,

नतोऽहम् सदा सर्वदा शम्भु तुभ्यम्।

जराजन्म दुःखौघ तातप्यमानं,

प्रभो पाहि आपन्नमामीश शंभो॥

अर्थ: मुझे न तो योग का ज्ञान है, न ही जप या पूजा का। हे शम्भु, मैं सदा सर्वदा आपके सामने नतमस्तक हूँ। मैं बुढ़ापे, जन्म और दुःखों से पीड़ित हूँ। हे प्रभु, कृपया मेरी रक्षा करें। हे शम्भु, मैं आपको नमन करता हूँ।

महामृत्युंजय मंत्रः

ॐ त्र्यंबकं यजामहे सुगन्धिं पुष्टिवर्धनम्।

उर्वारुकमिव बन्धनान् मृत्योर्मुक्षीय माऽमृतात्॥

अर्थ: हम उन तीन नेत्रों वाले शिवजी का ध्यान और पूजन करते हैं, जो सुगंधित हैं, और जो जीवन में सुख, शक्ति, और समृद्धि को बढ़ाने वाले हैं। जैसे पकने के बाद ककड़ी अपनी बेल के बंधन से स्वतः मुक्त हो जाती है, वैसे ही हे भगवान, हमें भी मृत्यु और जीवन के बंधनों से मुक्त करें और हमें अमरता (मोक्ष) का वरदान प्रदान करें।

मंत्र पुष्पांजलि

ॐ यज्ञेन यज्ञमयजन्त देवास्तनि धर्माणि प्रथमान्यासन् ।

ते ह नाकं महिमानः सचंत यत्र पूर्वे साध्याः संति देवाः ॥

ॐ राजाधिराजाय प्रसह्य साहिने ,नमो वयं वैश्रवणाय कुर्महे।

स मस कामान् काम कामाय मह्यं, कामेश्वरो वैश्रवणो ददातु कुबेराय वैश्रवणाय।

महाराजाय नम: ।

ॐ स्वस्ति, साम्राज्यं भौज्यं स्वाराज्यं , वैराज्यं पारमेष्ट्यं राज्यं महाराज्यमाधिपत्यमयं ।

समन्तपर्यायीस्यात् सार्वभौमः सार्वायुषः आन्तादापरार्धात् , पृथीव्यै समुद्रपर्यंताया एकराळ इति ॥

ॐ तदप्येषः श्लोकोभिगीतो , मरुतः परिवेष्टारो मरुतस्यावसन् गृहे।

आविक्षितस्य कामप्रेर्विश्वेदेवाः सभासद इति ॥

ॐ शान्ताय विद्महे, जगद्गुरु दिमहि तन्नो लोपाल प्रचोदयात्।

ॐ हरि शान्ताय विद्महे, परभु हरिगच्छे धीमहि तन्नो कर्दम ऋषि प्रचोदयात्।

ॐ हरि कपिल मुनि जननी च विद्महे, कदमप्रिय च धीमहि तन्नो देवि प्रचोदयात्।

<u>शिव पंचाक्षर स्तोत्र</u>

कर्पूरगौरं करुणावतारं,
संसारसारं भुजगेन्द्रहारम्।
सदा वसन्तं हृदयारविन्दे,
भवं भवानीसहितं नमामि॥

अर्थः मैं उन भगवान शिव को नमन करता हूँ, जो कपूर के समान श्वेत (गौरवर्ण) हैं और करुणा के अवतार हैं। वे इस संसार के सार हैं और जिनके गले में सर्पों की माला सुशोभित है। जो माँ भवानी के साथ सदैव मेरे हृदय के कमल में निवास करते हैं, उन शिव का मैं वंदन करता हूँ।

गुरुर ब्रह्मा गुरुर विष्णु ,गुरुर देवो महेश्वरः।
गुरुसाक्षात परब्रह्म ,तस्मै श्री गुरवे नमः।

अर्थः गुरु ही ब्रह्मा है, गुरु ही विष्णु है और गुरु ही भगवान शंकर है। गुरु ही साक्षात परब्रह्म है। ऐसे गुरु को मैं प्रणाम करता हूं।

त्वमेव माता च पिता त्वमेव,
त्वमेव बंधुश्च सखा त्वमेव।
त्वमेव विद्या द्रविणं त्वमेव,
त्वमेव सर्वं मम देव देव॥

अर्थ: हे भगवान! आप ही मेरे माता और पिता हैं, आप ही मेरे मित्र और सखा हैं। आप ही मेरे ज्ञान और संपत्ति हैं। हे देवों के देव, आप ही मेरे लिए सब कुछ हैं।

भोग मंत्र

राम कहे सुख उपजत है। कृष्ण कहे दुख महीमा।
महा प्रसाद की प्रभु लीजो, भोग लगाए॥

अर्थ: भगवान श्री राम कहते हैं कि उनकी भक्ति और उनके नाम का जाप करने से जीवन में सुख और शांति उत्पन्न होती है। वहीं, भगवान श्री कृष्ण का कहना है कि दुखों का भी अपना महत्व है, क्योंकि वे हमें आत्मिक उन्नति की दिशा में मार्गदर्शन करते हैं और हमारे कर्मों के परिणामों को समझने में मदद करते हैं। दुख के माध्यम से ही हम सच्चे ज्ञान और समझ की प्राप्ति करते हैं। अंत में, यह मंत्र भगवान के भोग को अर्पित करने के महत्व को बताता है, जो एक प्रकार से उनका महा प्रसाद होता है। जब हम भगवान को भोग अर्पित करते हैं, तो यह उनकी कृपा का रूप होता है, जो हमारे जीवन को सुख, समृद्धि और आशीर्वाद से भर देता है।

लेखक परिचय

कपिल का केलधार , यह पुस्तक भारतीय दर्शन के सबसे प्राचीनतम मनीषी ऋषि कपिल मुनि के जीवन पर आधारित है।

अधिवक्ता, लेखक, और राष्ट्रीय वक्ता बृजेंद्र सिंह धाकड़ का जन्म 1 अप्रैल 2000 को मध्य प्रदेश के शिवपुरी जिले के एजवारा ग्राम में हुआ, जो कपिल मुनि की जन्मस्थली केलधार के समीप स्थित है। प्रारंभिक शिक्षा कोलारस और शिवपुरी में प्राप्त करने के बाद, उन्होंने उच्च शिक्षा इंदौर में प्राप्त की। 2023 में उन्होंने देवी अहिल्याबाई विश्वविद्यालय, इंदौर के शासकीय नवीन विधि महाविद्यालय से विधि की उपाधि प्राप्त की। वर्तमान में वे मध्य प्रदेश हाई कोर्ट में अधिवक्ता के रूप में कार्यरत हैं।

अपने छात्र जीवन में वे अखिल भारतीय विद्यार्थी परिषद में सक्रिय रहे और इंदौर महानगर व मालवा प्रांत में विभिन्न महत्वपूर्ण दायित्वों का सफलतापूर्वक निर्वहन किया। वर्तमान में वे अखिल भारतीय विद्यार्थी परिषद, मालवा प्रांत के राष्ट्रीय कला मंच संयोजक हैं, जहाँ उन्होंने छात्रों के कला कौशल को प्रोत्साहित करने के लिए 'हुनरवाज' जैसे कार्यक्रमों का आयोजन किया है।

साथ ही, वे आचार्य शंकर एकता न्यास के अद्वैत यूथ एंबेसडर के रूप में भी मध्य प्रदेश में सक्रिय हैं। सामाजिक और राष्ट्रीय मुद्दों पर उनकी सशक्त आवाज और गुताओं के लिए प्रेरणादायक विचारों के माध्यम से वे समाज के निर्माण में अपना योगदान दे रहे हैं।

उनकी यह पुस्तक "कपिल का केलधार" प्राचीन भारतीय दर्शन के महान मनीषी ऋषि कपिल मुनि के जीवन पर आधारित है।

"कपिल का केलधार" एक अद्वितीय पुस्तक है जो प्राचीन भारतीय दर्शन के महान ऋषि कपिल मुनि के जीवन, विचारों, और उनके जन्मस्थान केलधार की ऐतिहासिक, सांस्कृतिक, और आध्यात्मिक महता को सजीव करती है। यह पुस्तक पाठकों को केलधार की यात्रा पर

ले जाती है, जहां कपिल मुनि ने अपने महान तत्वज्ञान 'सांख्य दर्शन' की आधारशिला रखी थी।

लेखक ने अपने गहन शोध और अद्वितीय दृष्टिकोण के माध्यम से न केवल ऋषि कपिल के जीवन के अनछुए पहलुओं को उजागर किया है, बल्कि उनके द्वारा प्रतिपादित गूढ़ दार्शनिक सिद्धांतों को भी सरल और प्रेरणादायक शैली में प्रस्तुत किया है।

इस पुस्तक के माध्यम से पाठक न केवल कपिल मुनि के जीवन से प्रेरणा प्राप्त करेंगे, बल्कि भारतीय संस्कृति, दर्शन, और आध्यात्मिकता की गहराइयों में उतरकर एक नई दृष्टि भी पाएंगे। "कपिल का केलधार" एक ऐसी कृति है जो प्राचीन भारतीय ज्ञान की समृद्ध परंपरा को आज के युग से जोड़ते हुए पाठकों के मन-मस्तिष्क में नई ऊर्जा और दृष्टिकोण का संचार करती है।